Mystic Garden

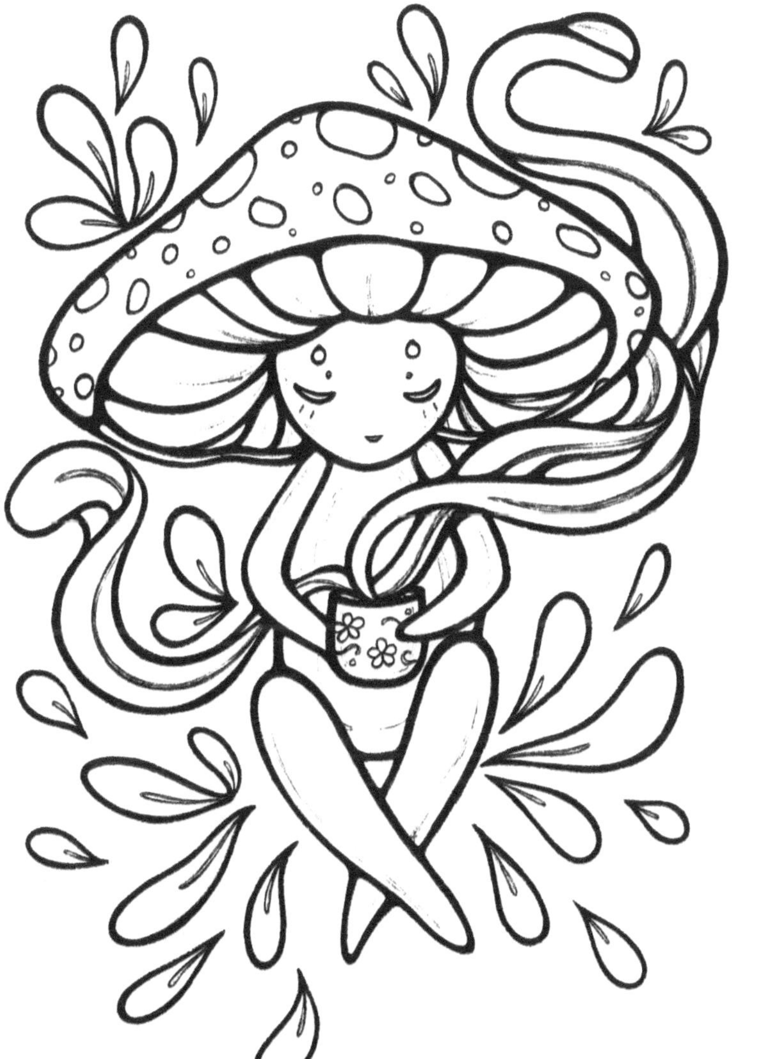

Sara Hopkins

ISBN 978-1-387-52176-0

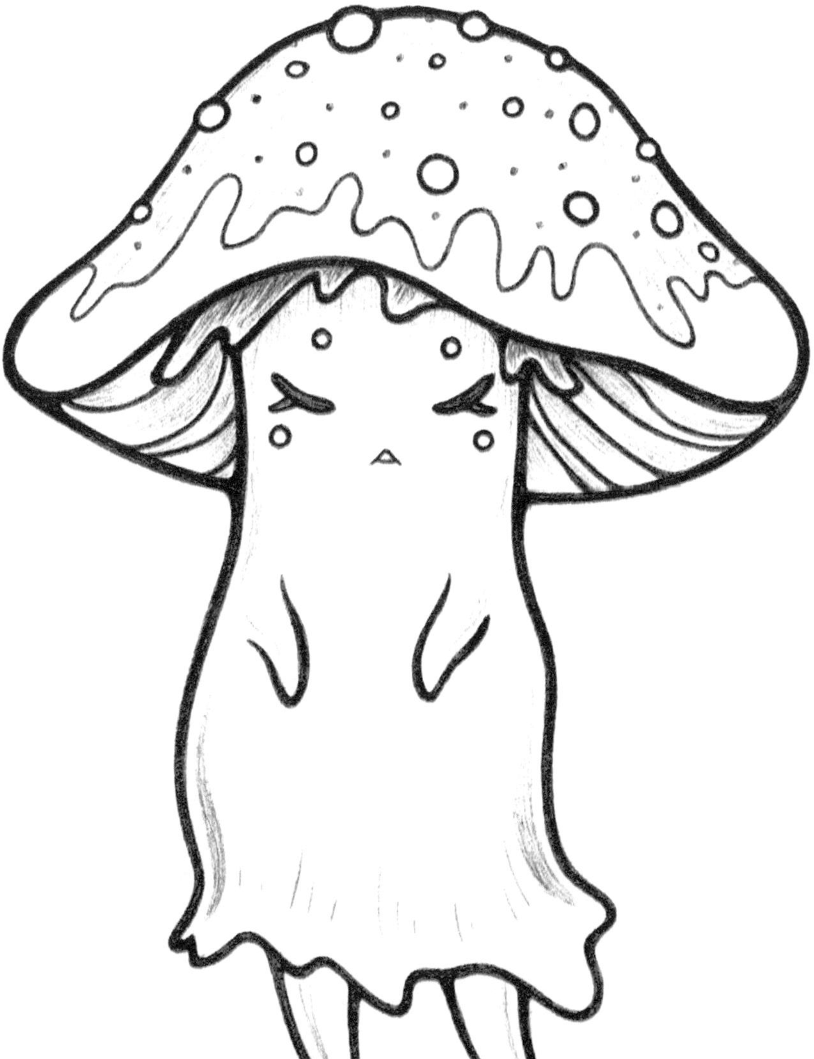

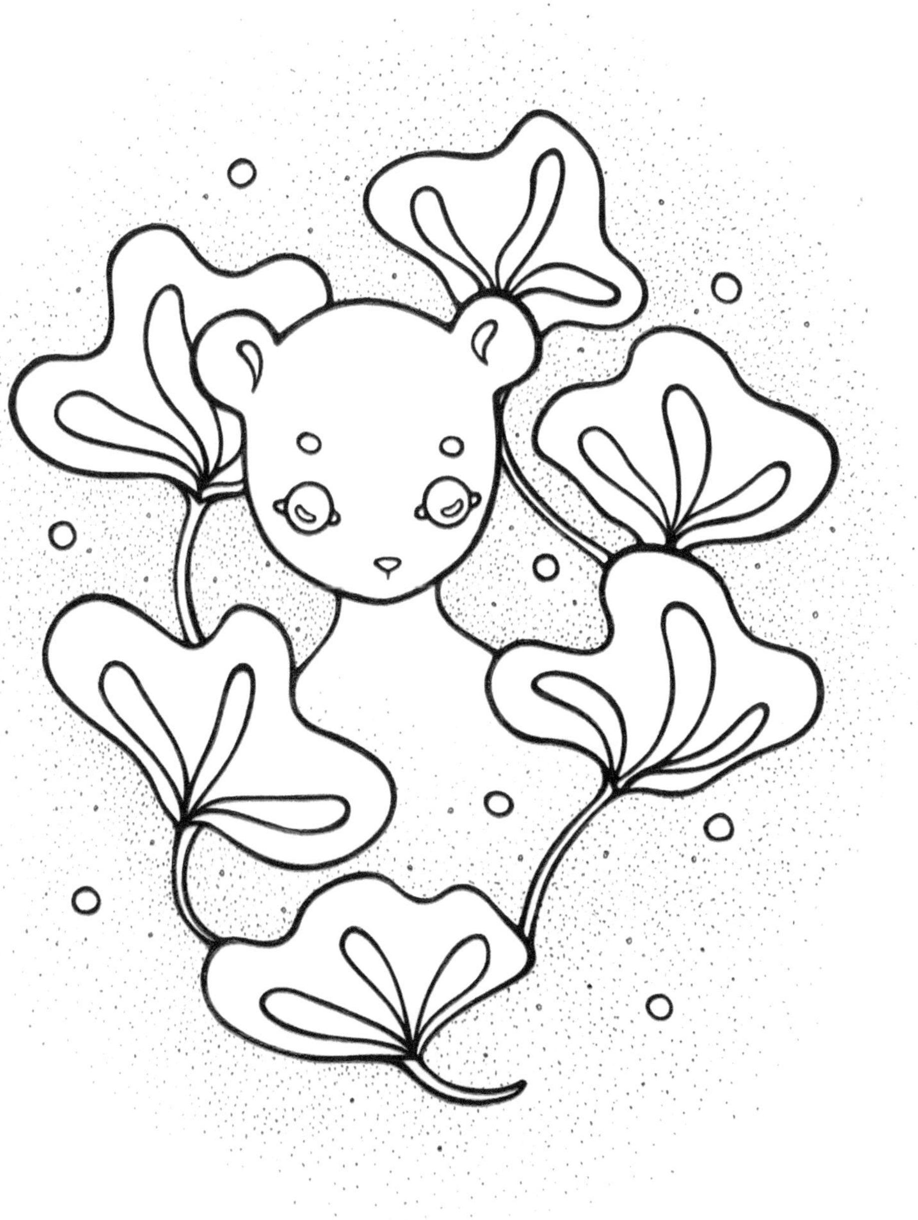

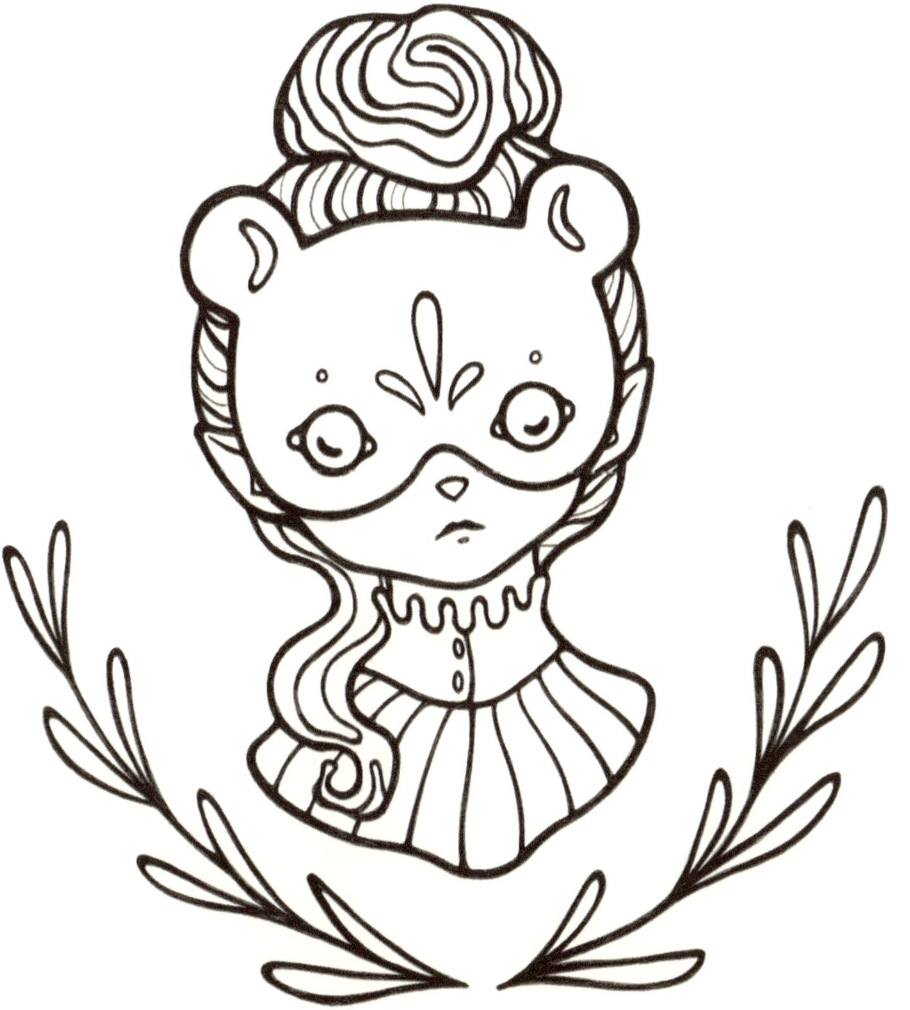

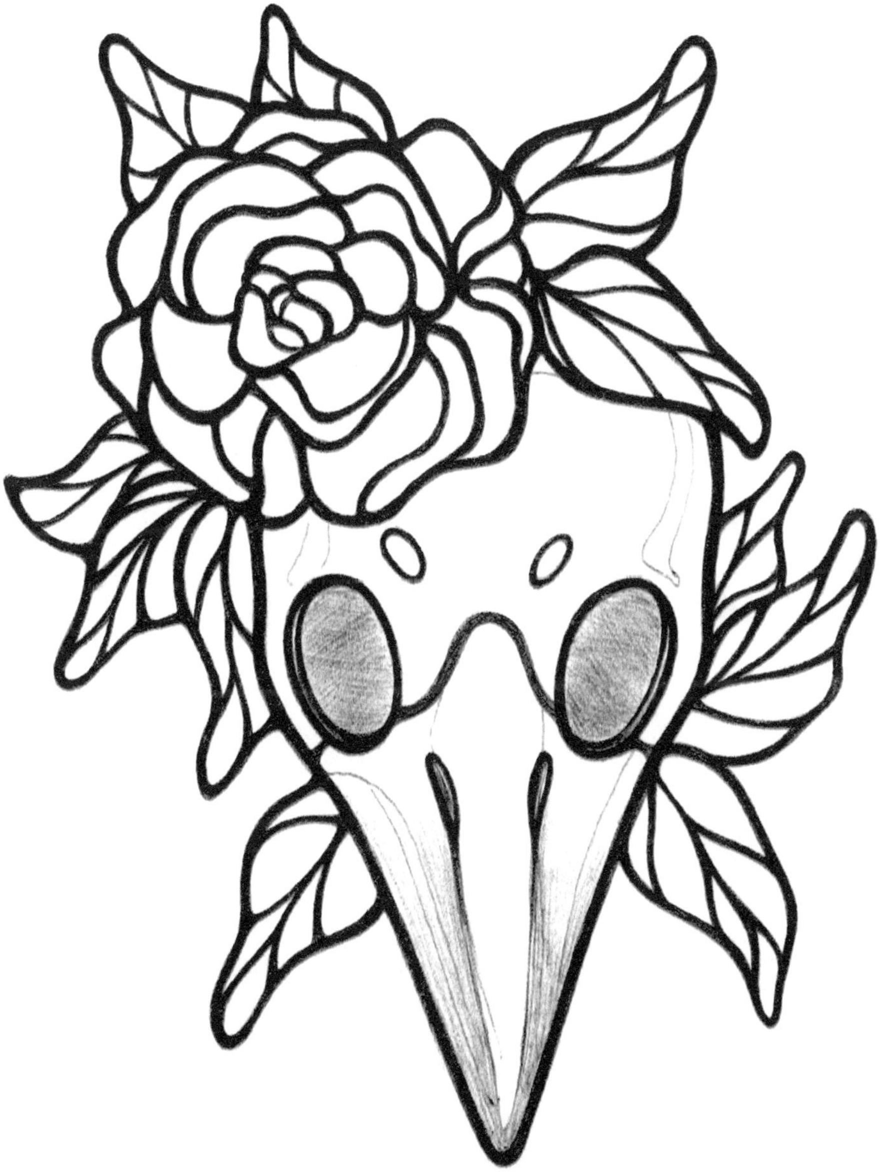

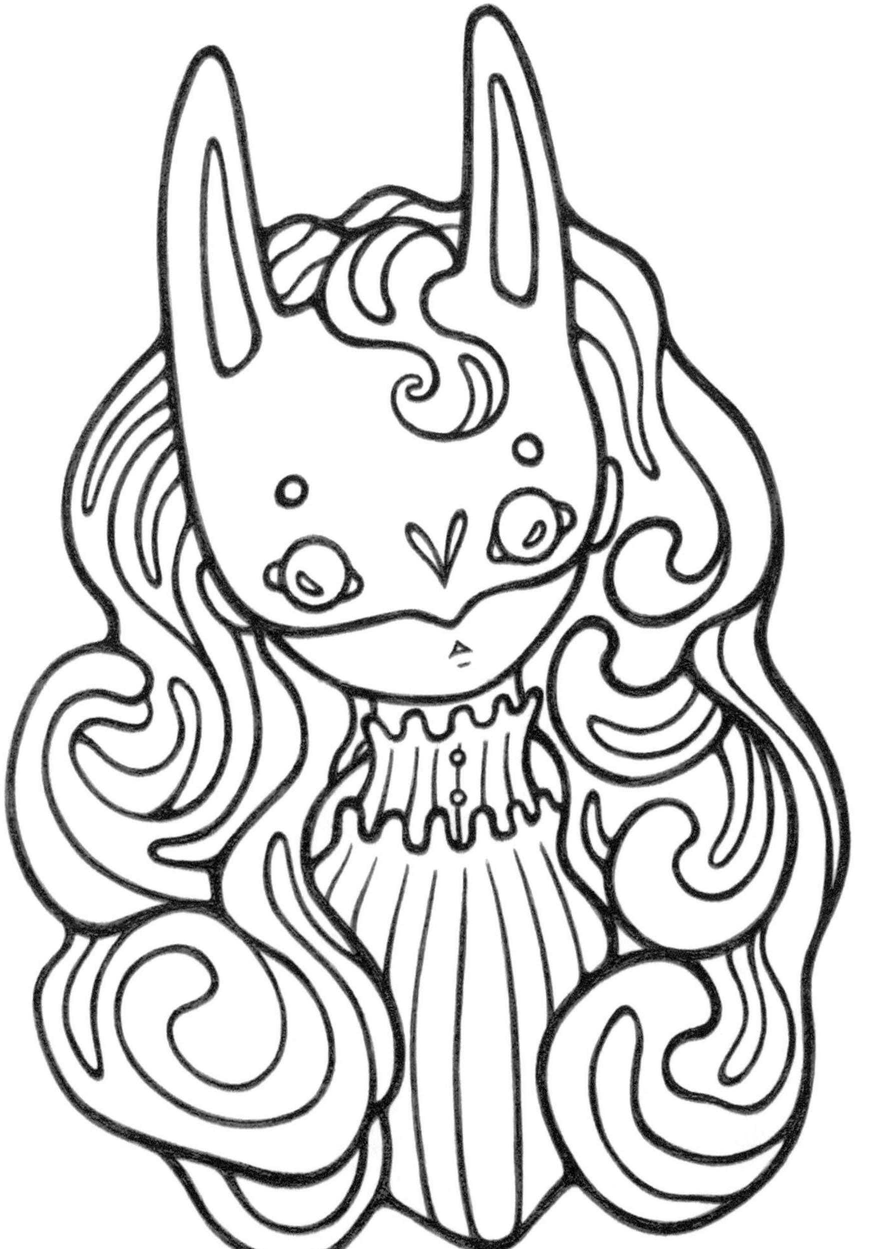

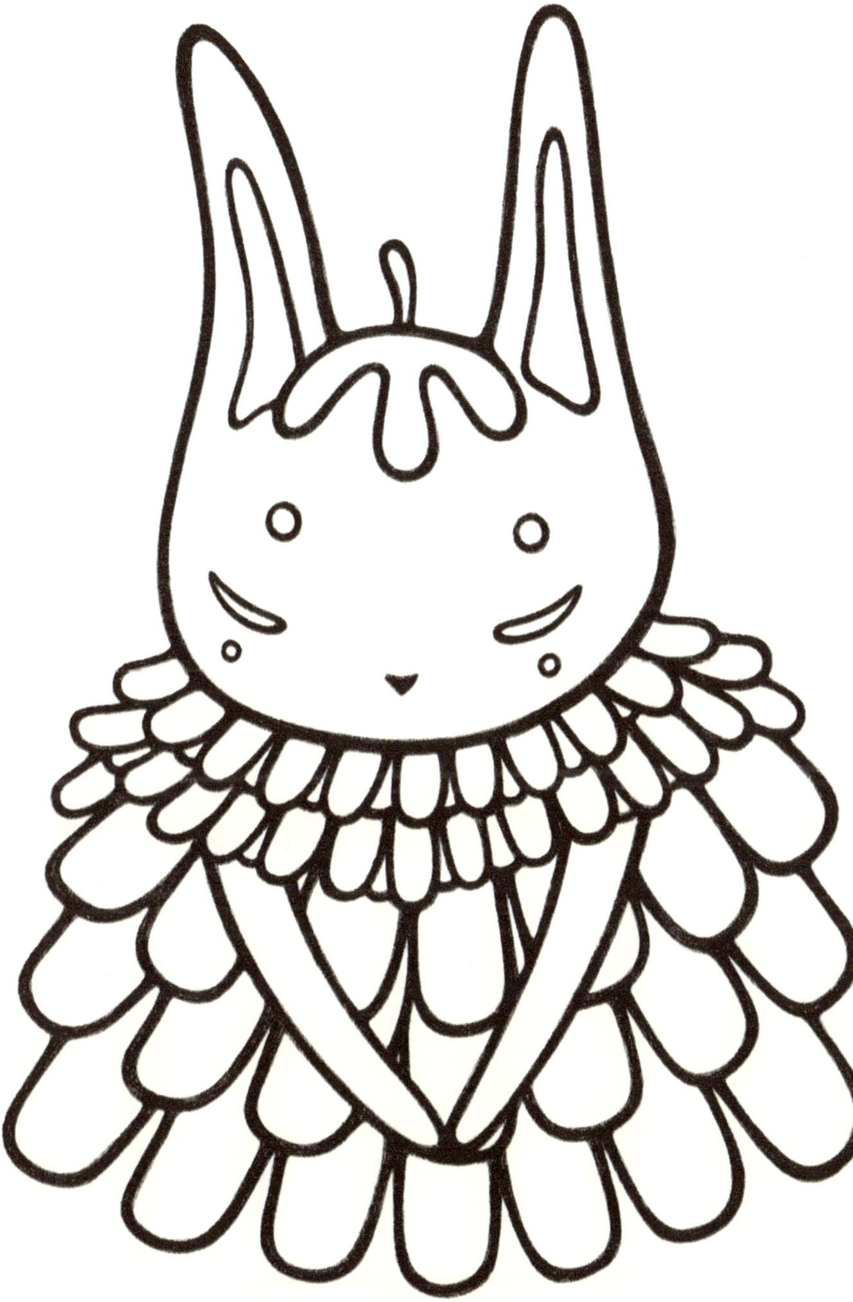

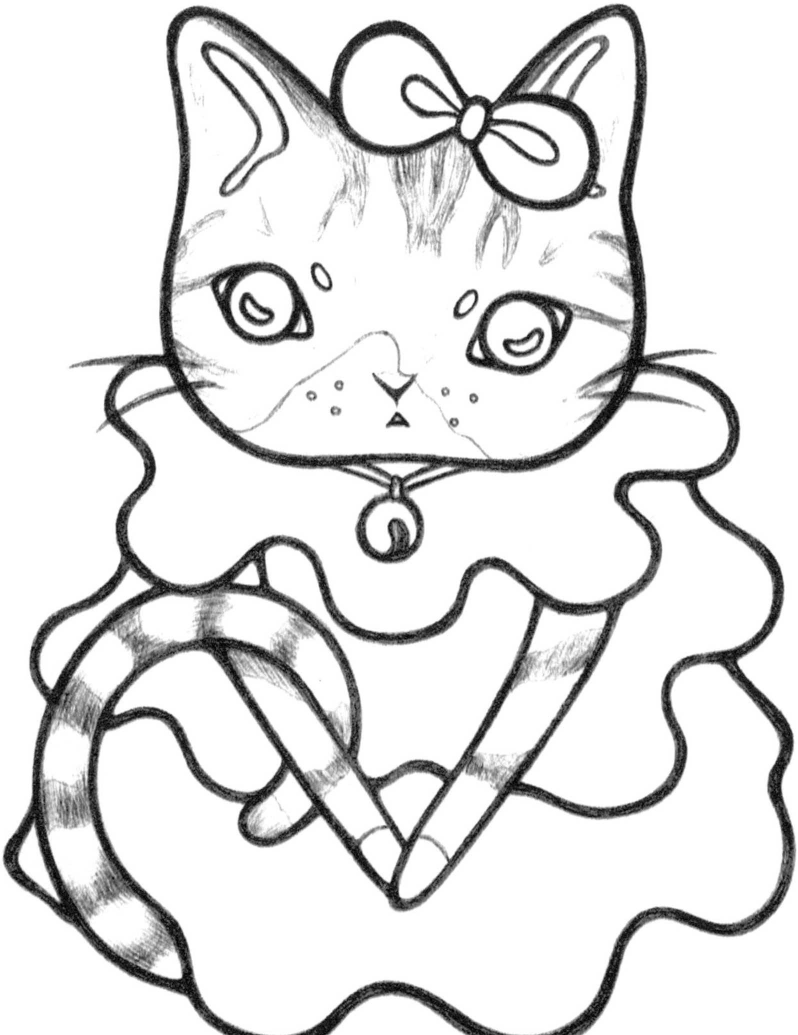

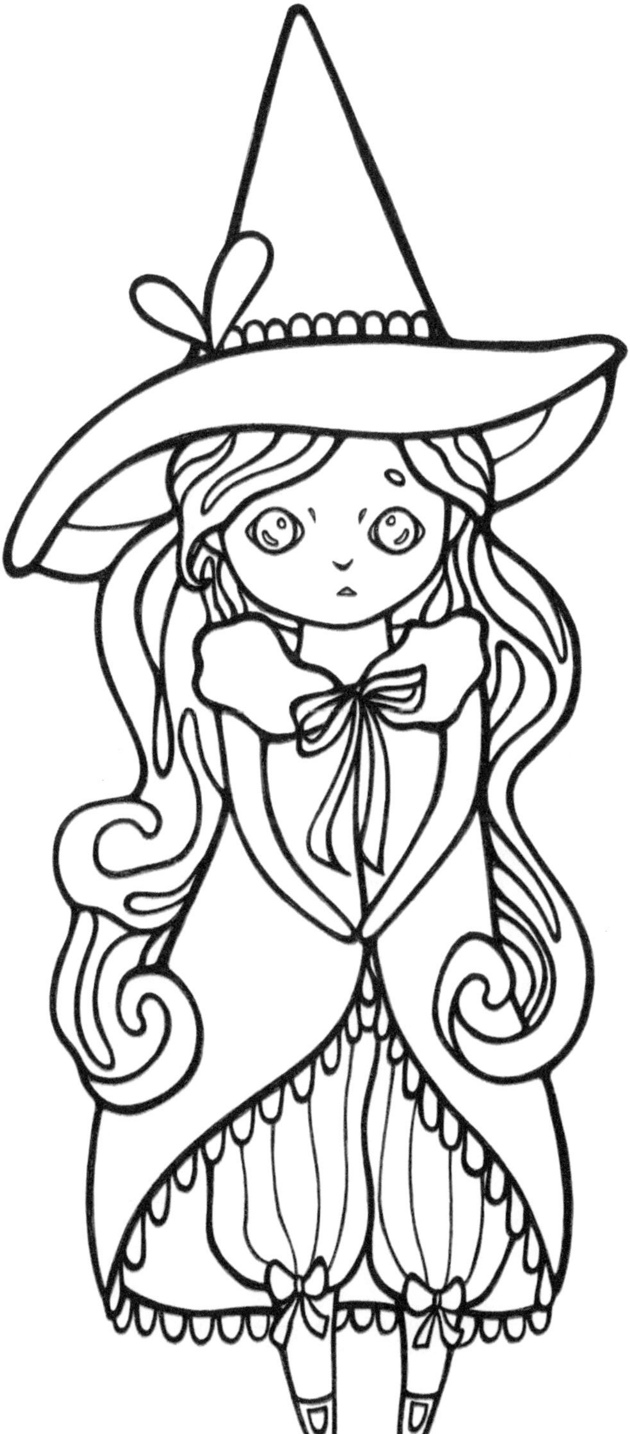

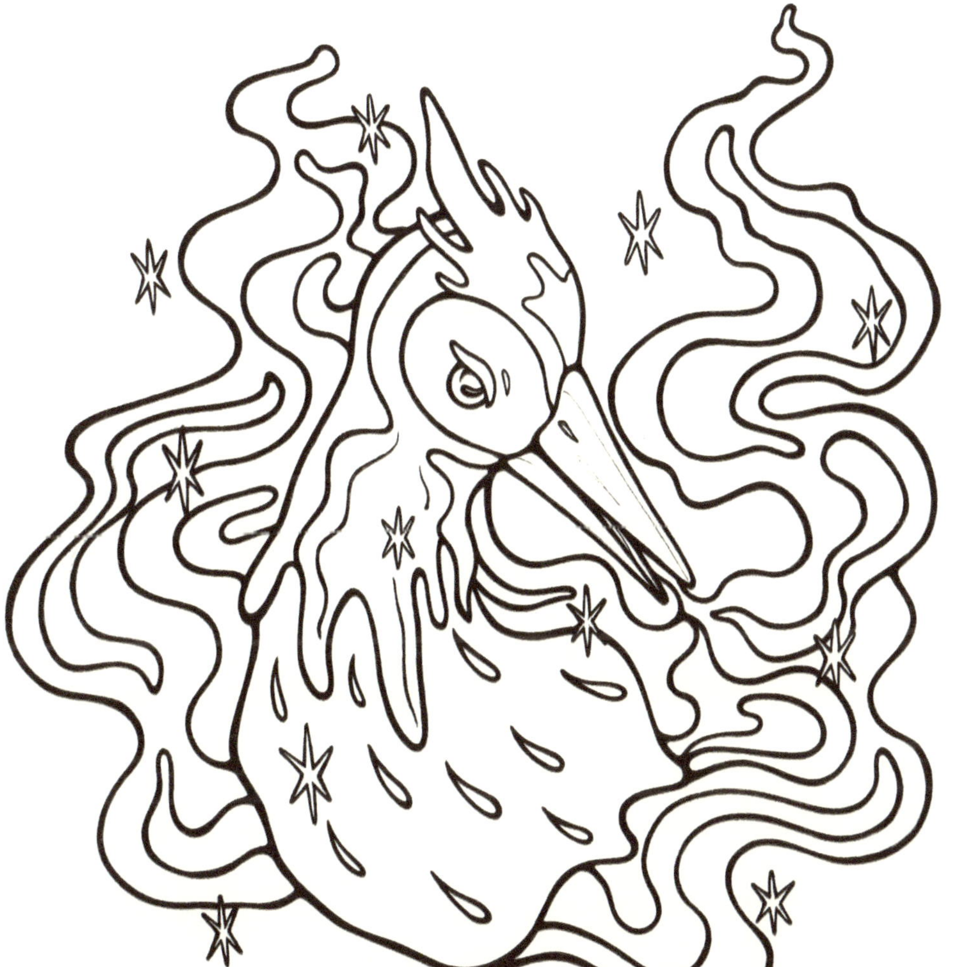

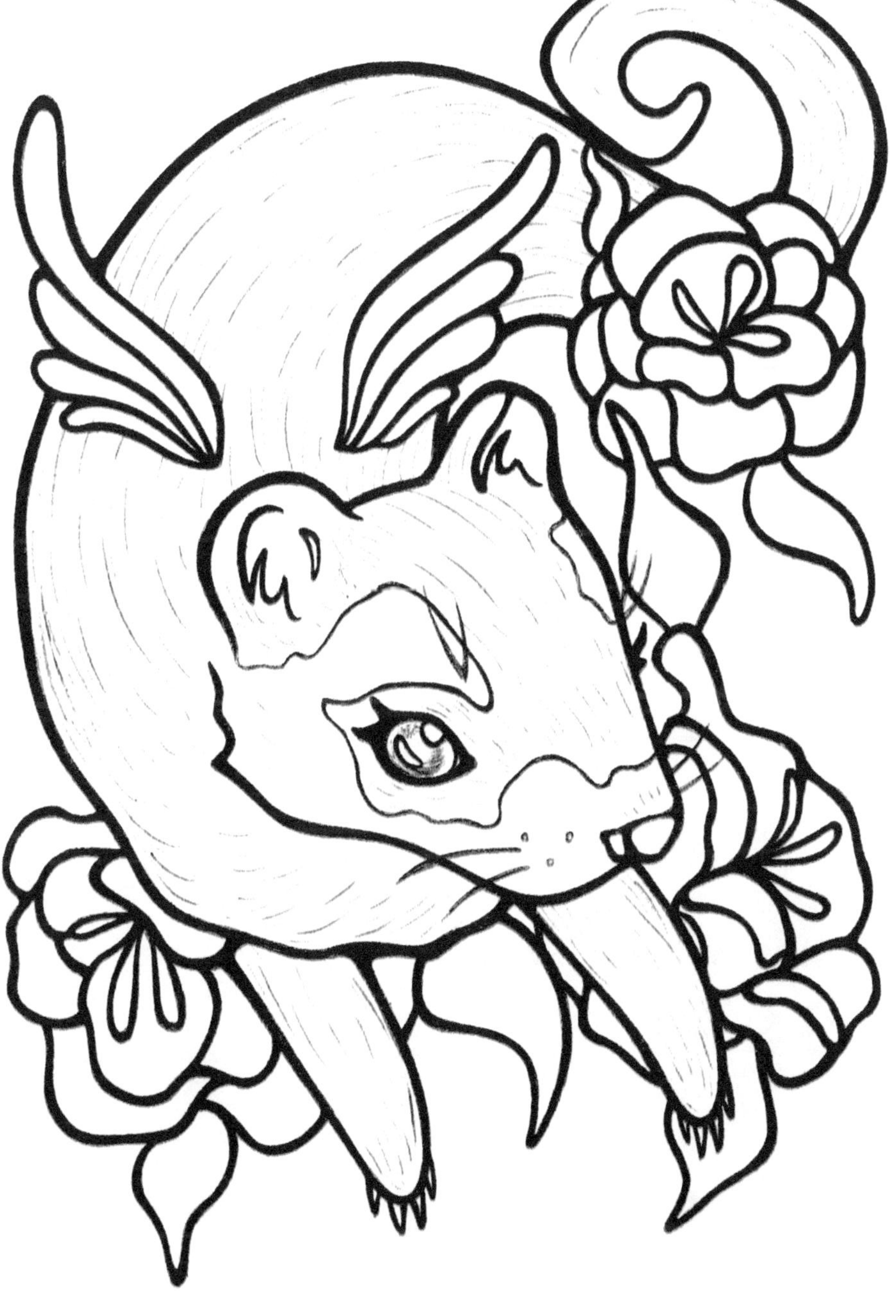

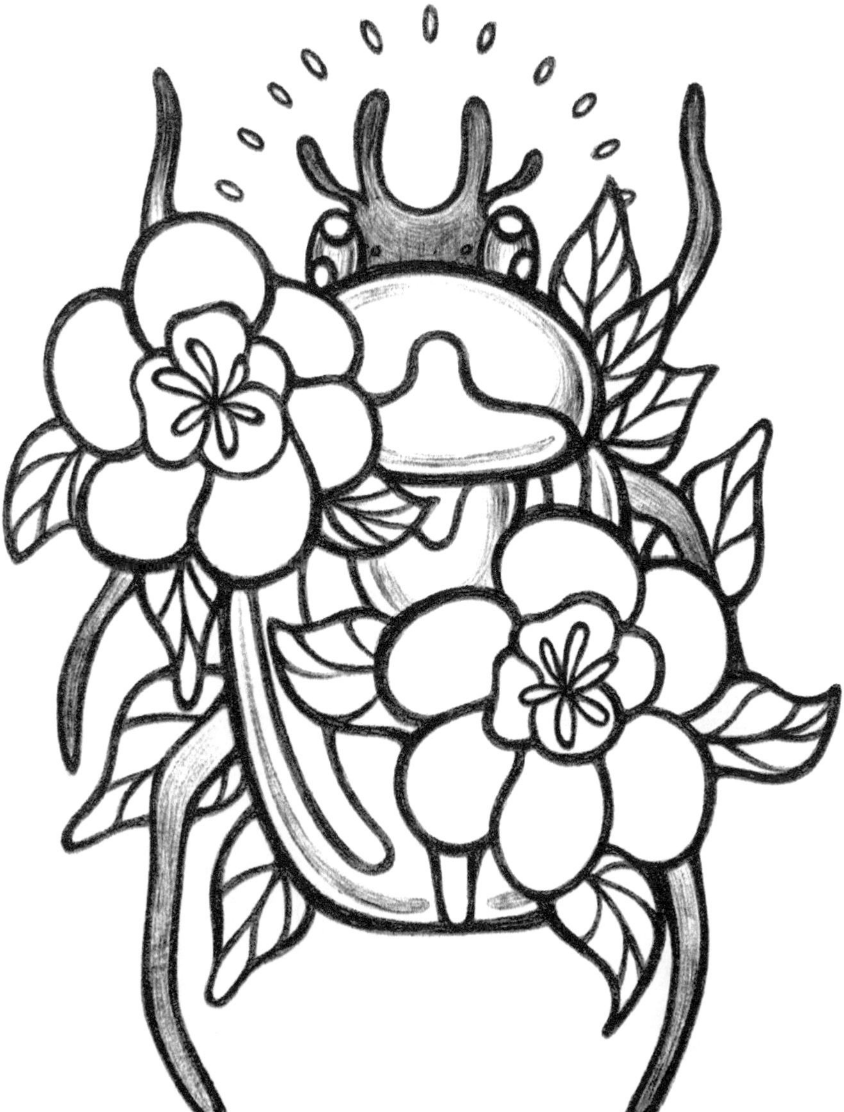

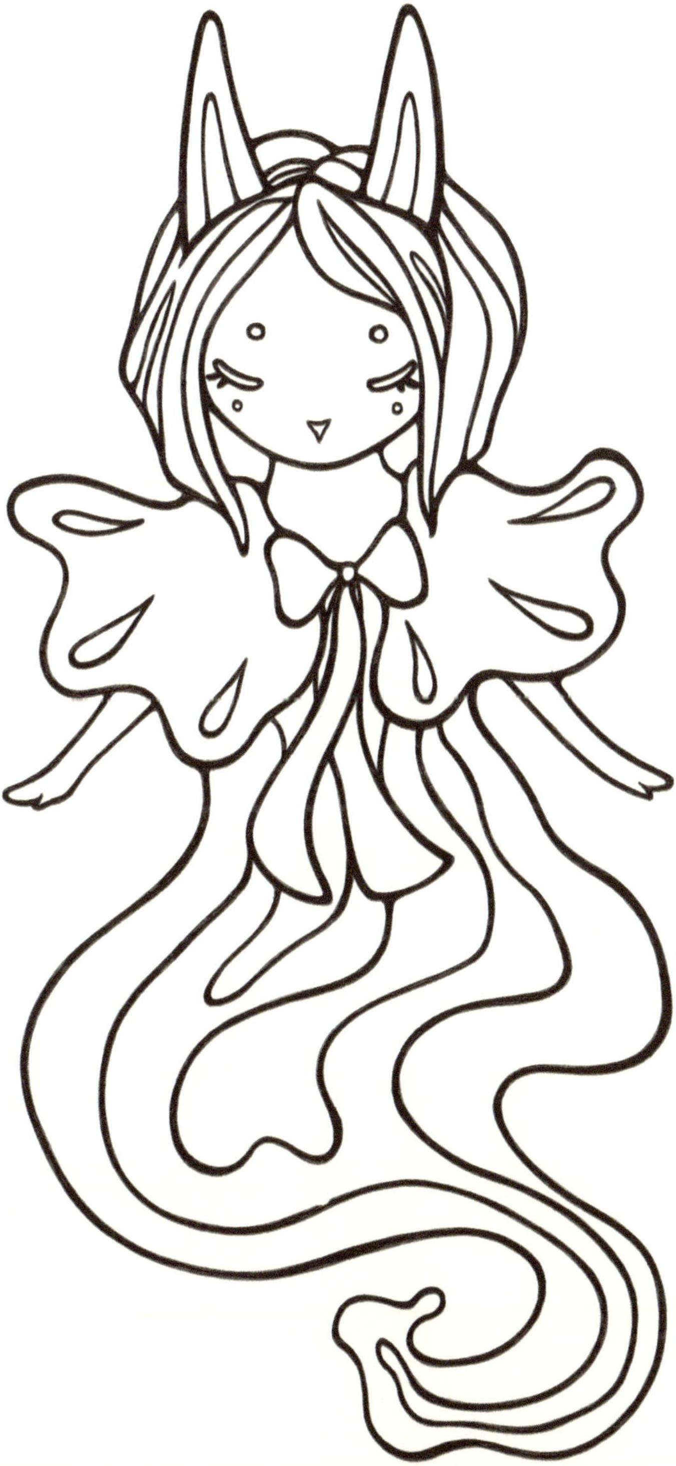

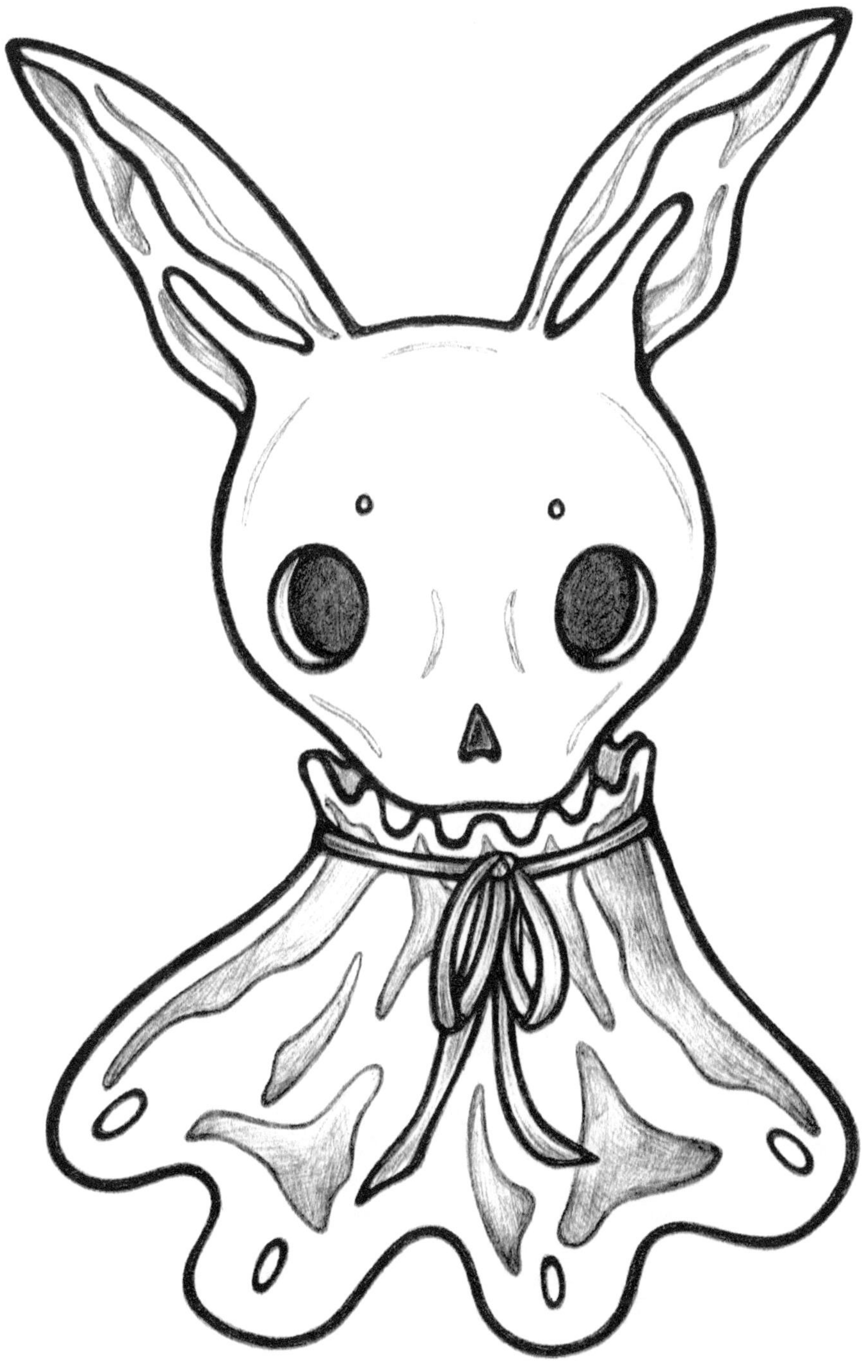

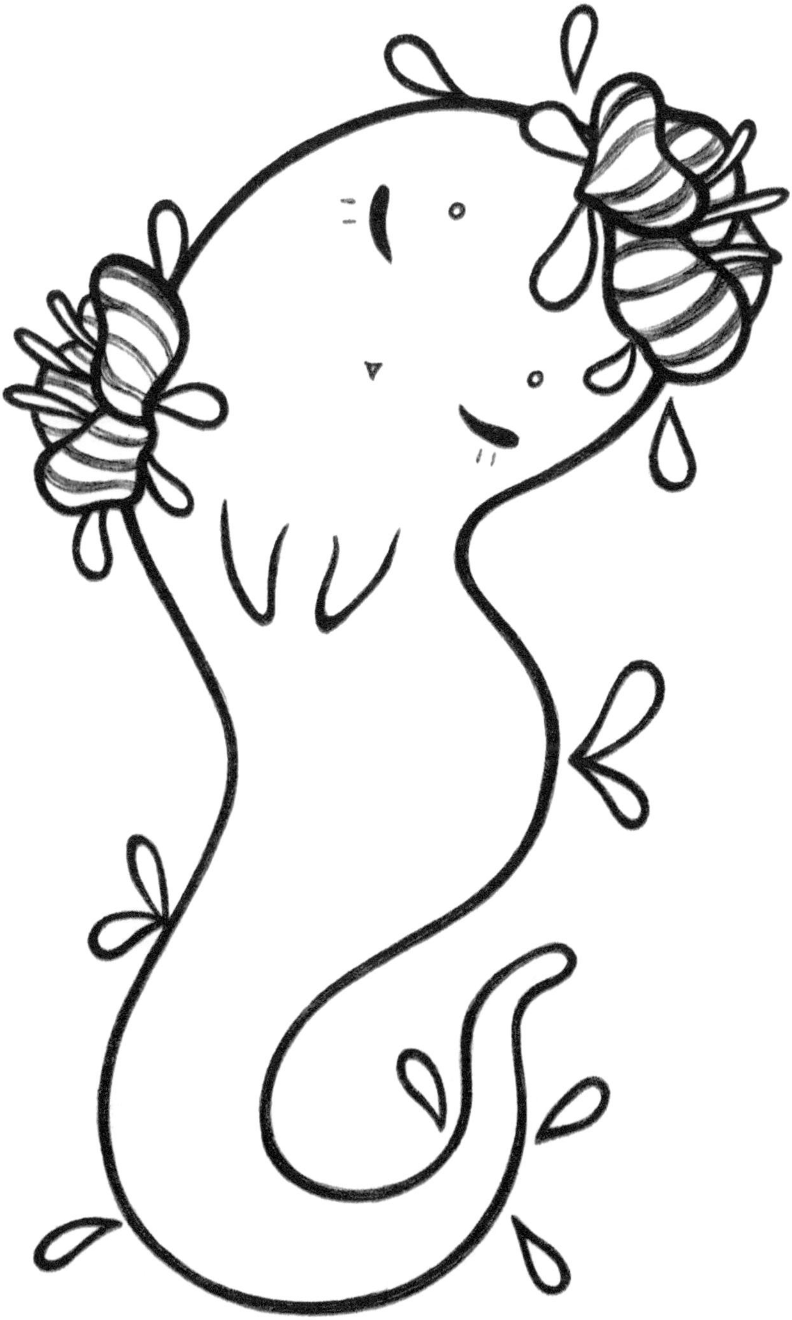

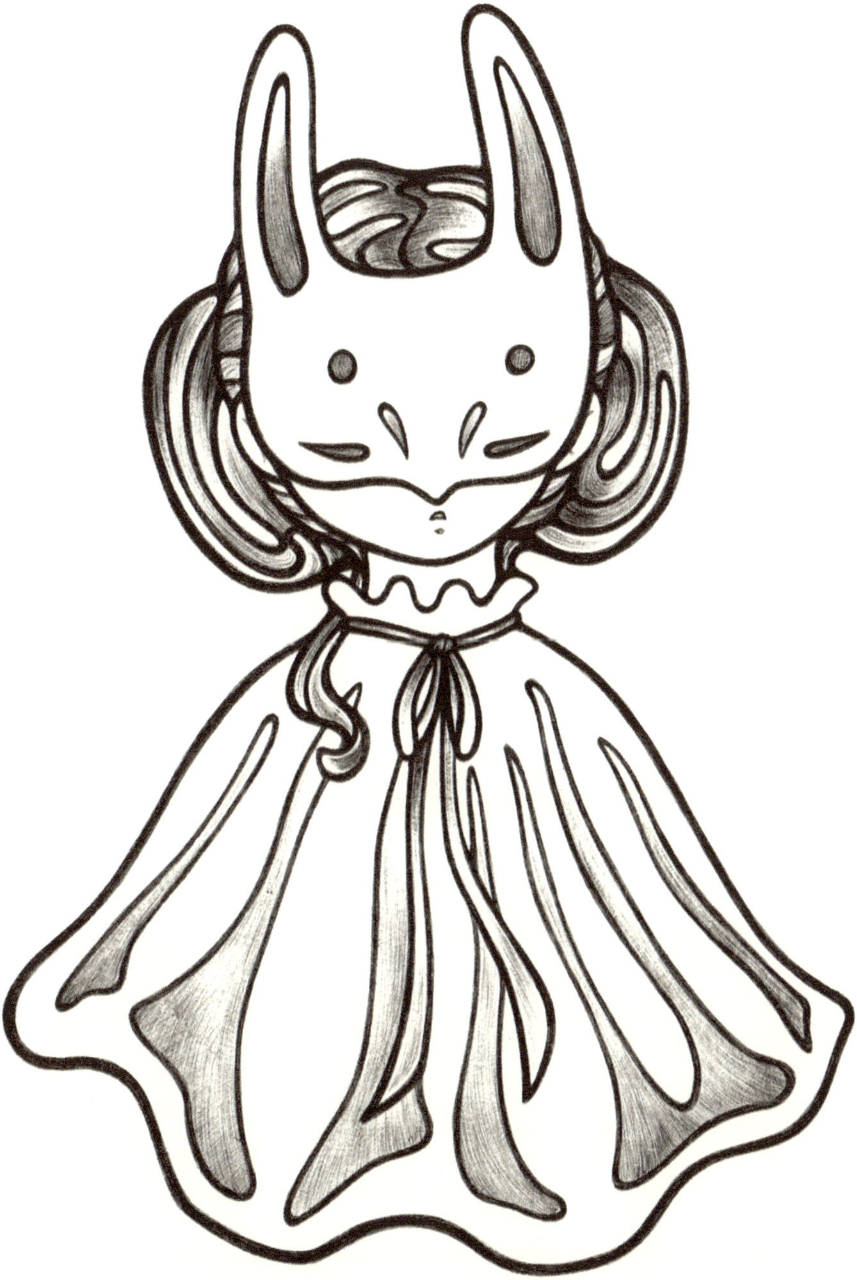

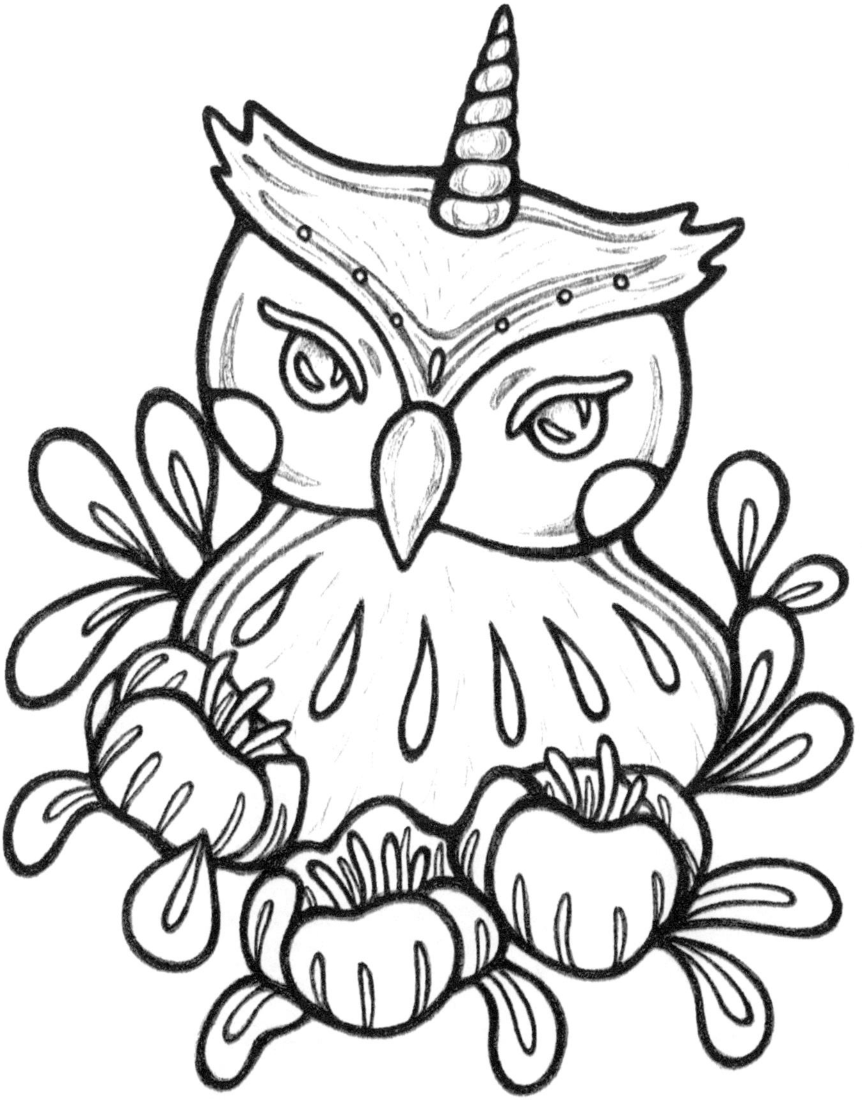

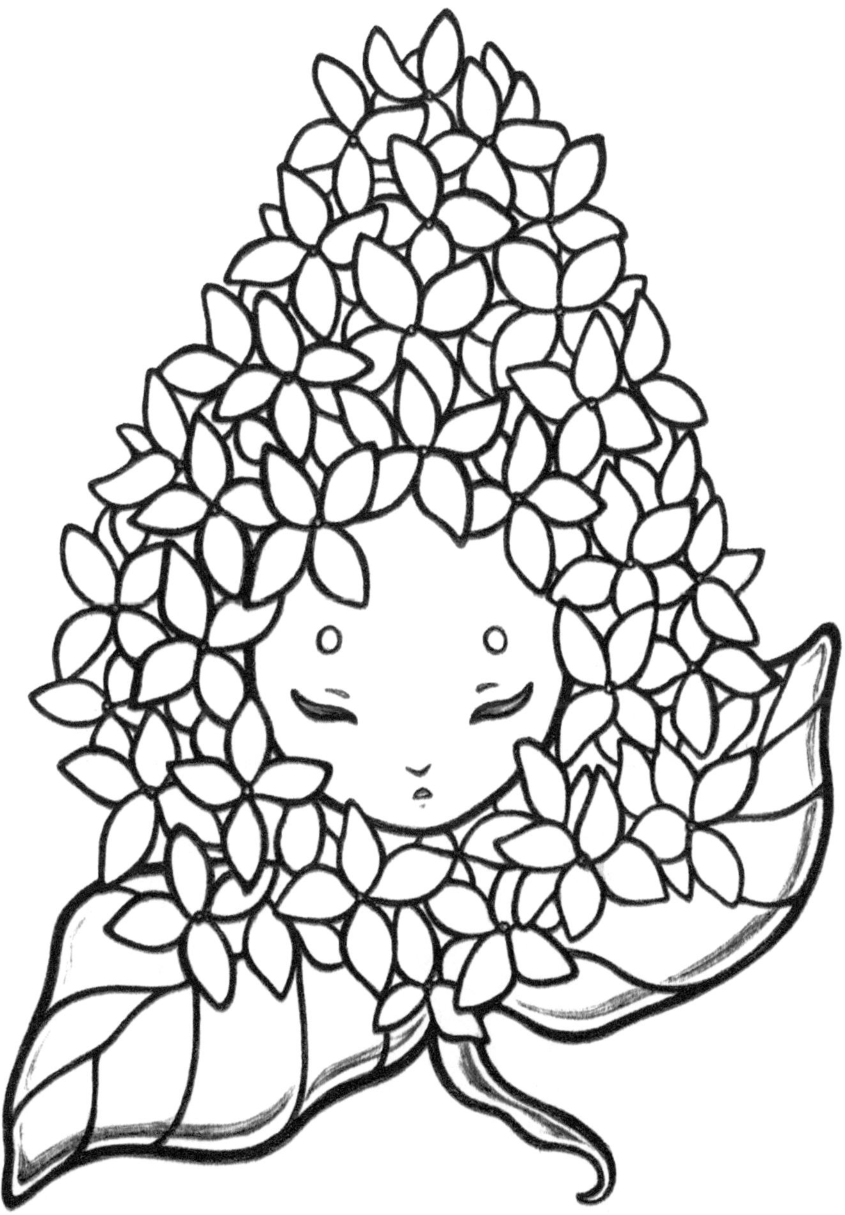

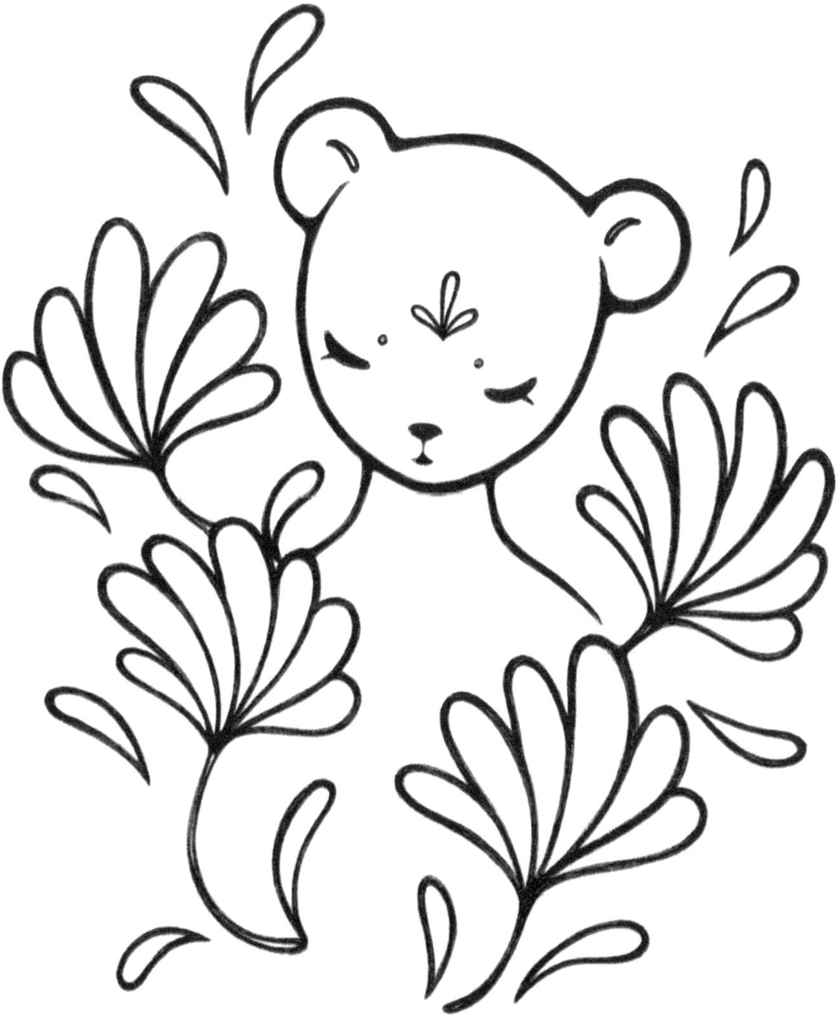

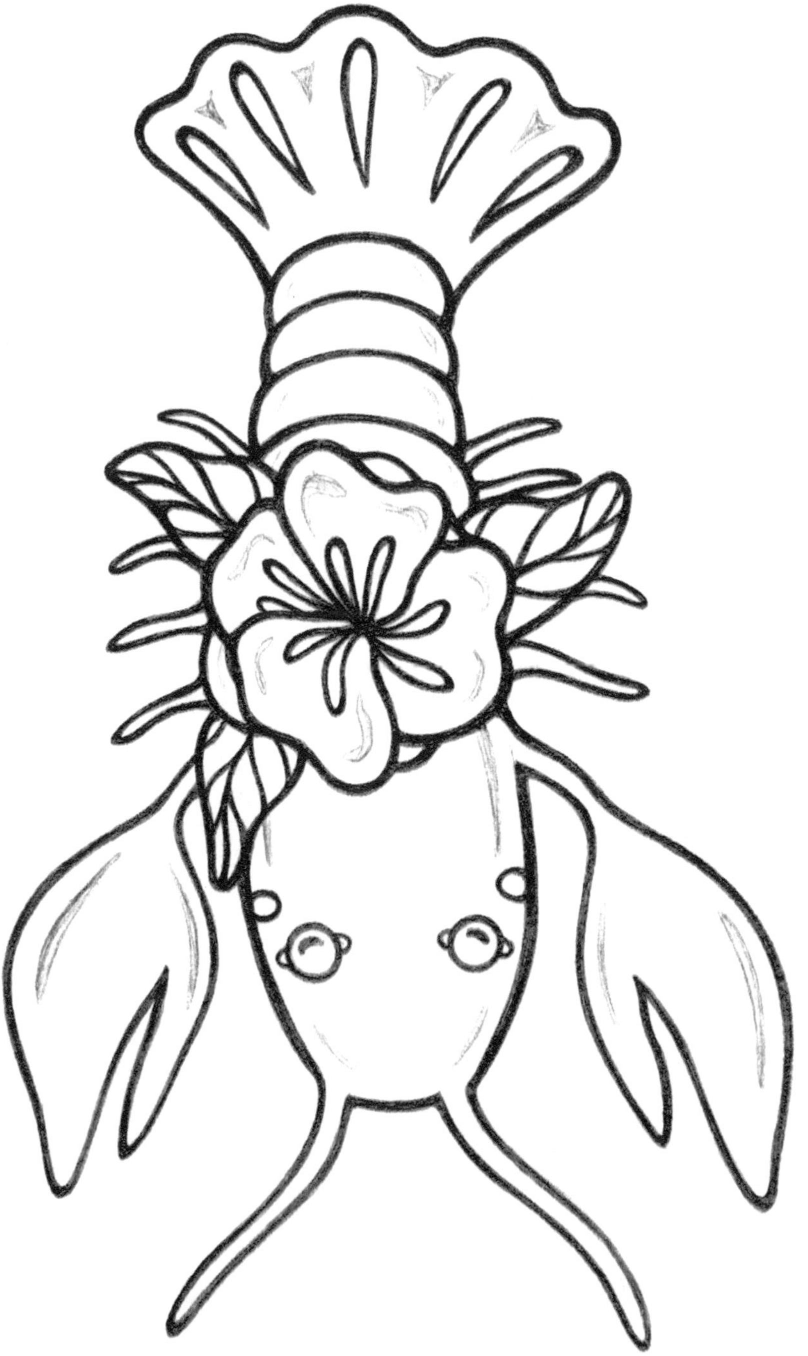

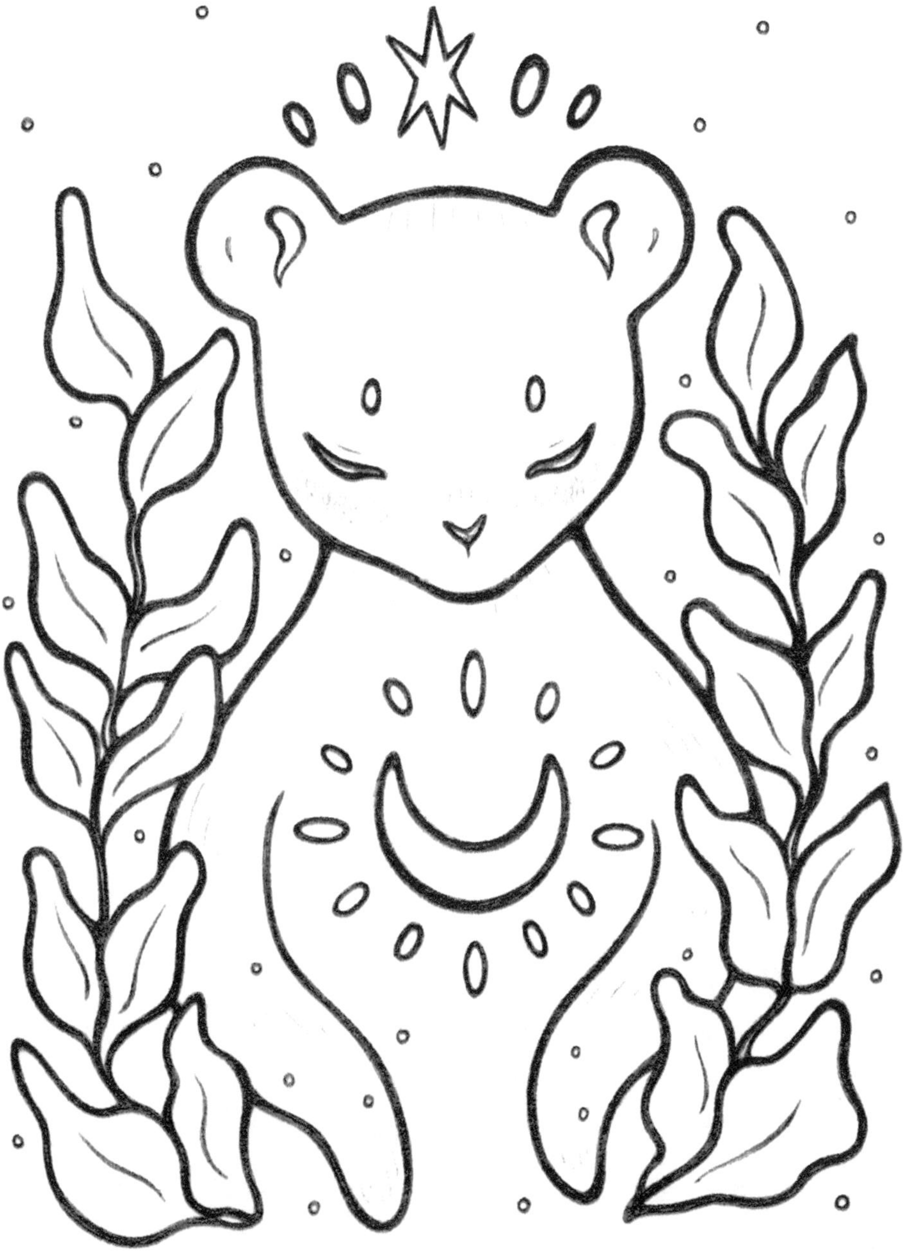

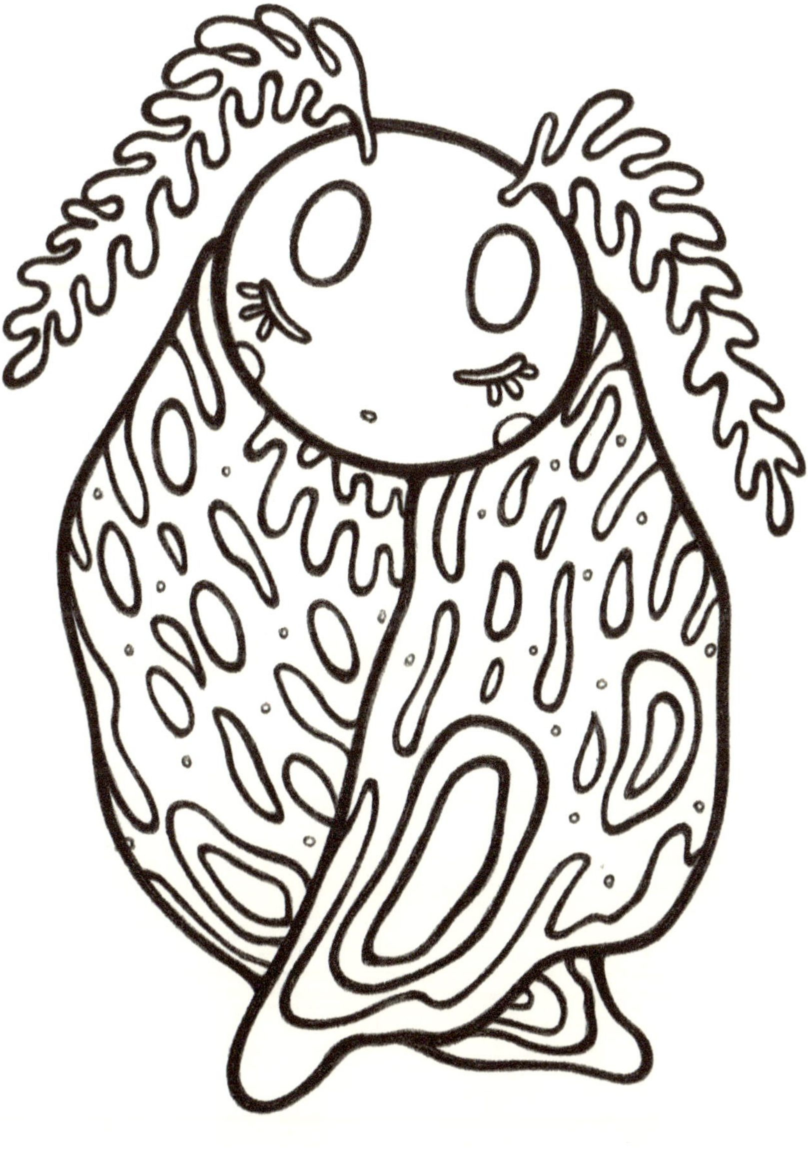

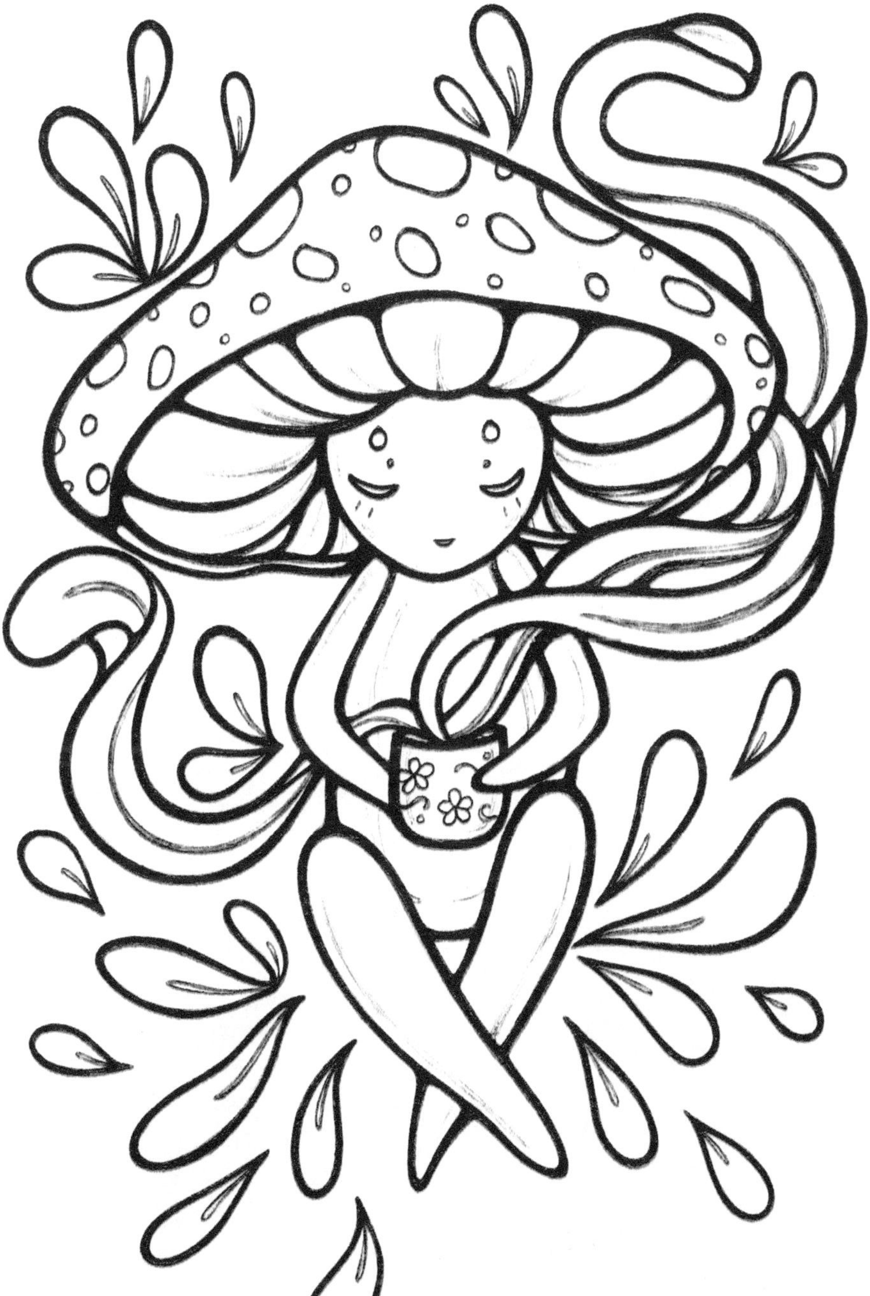

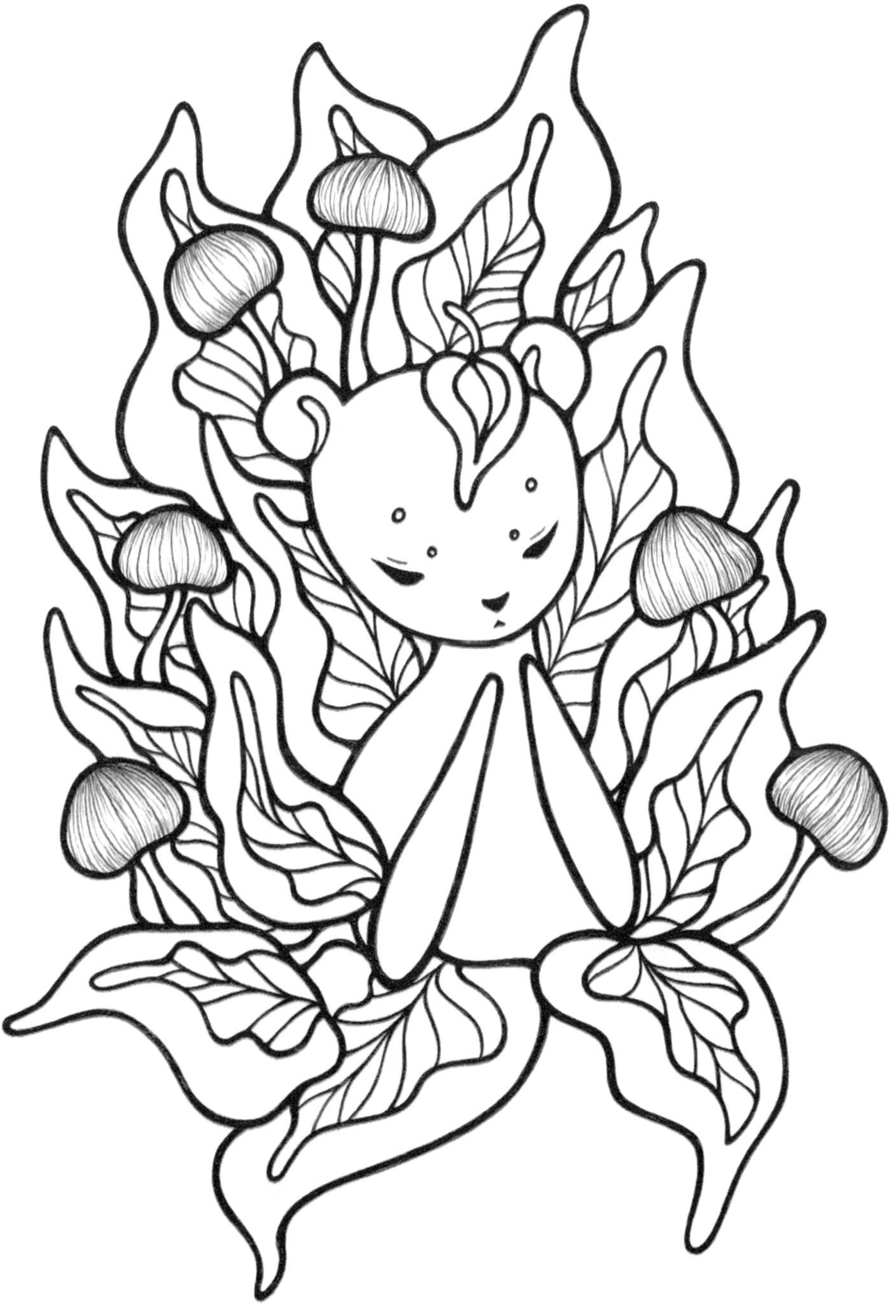

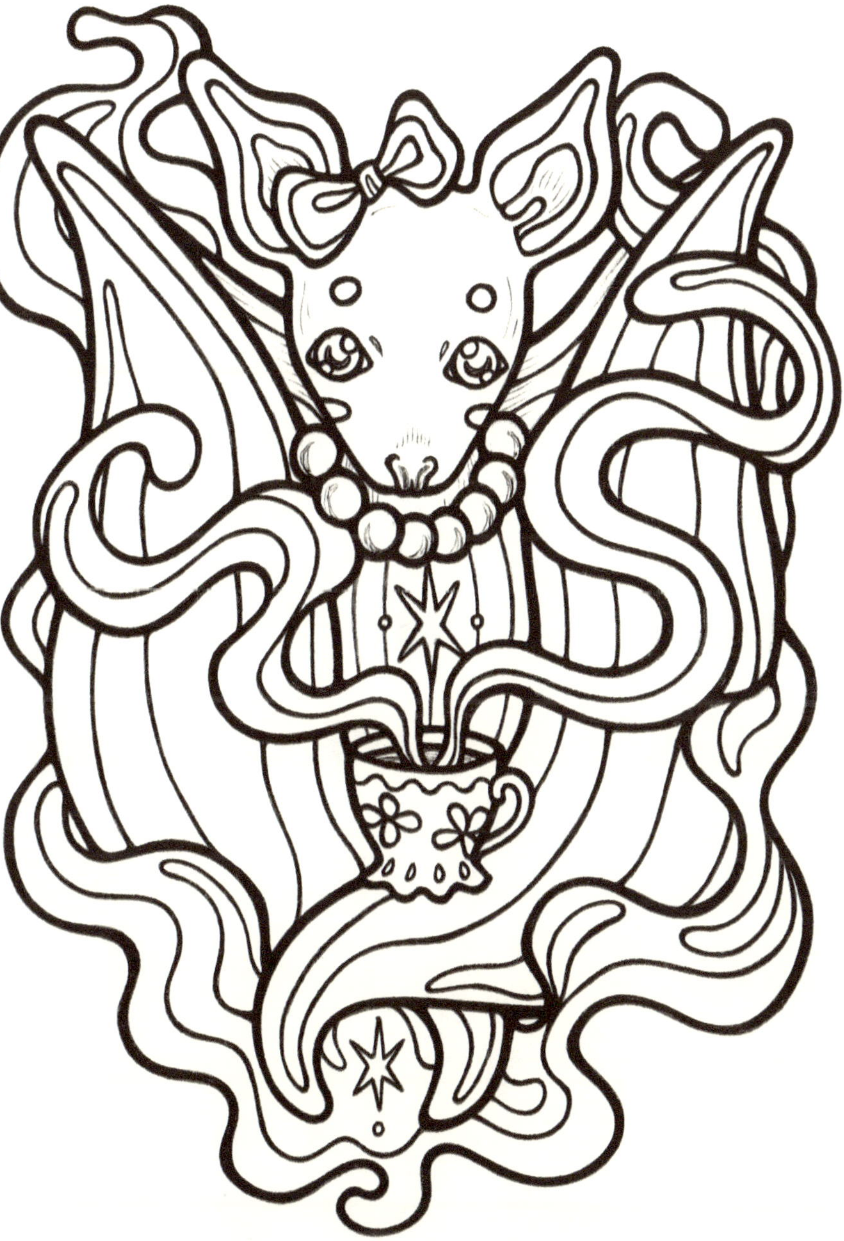

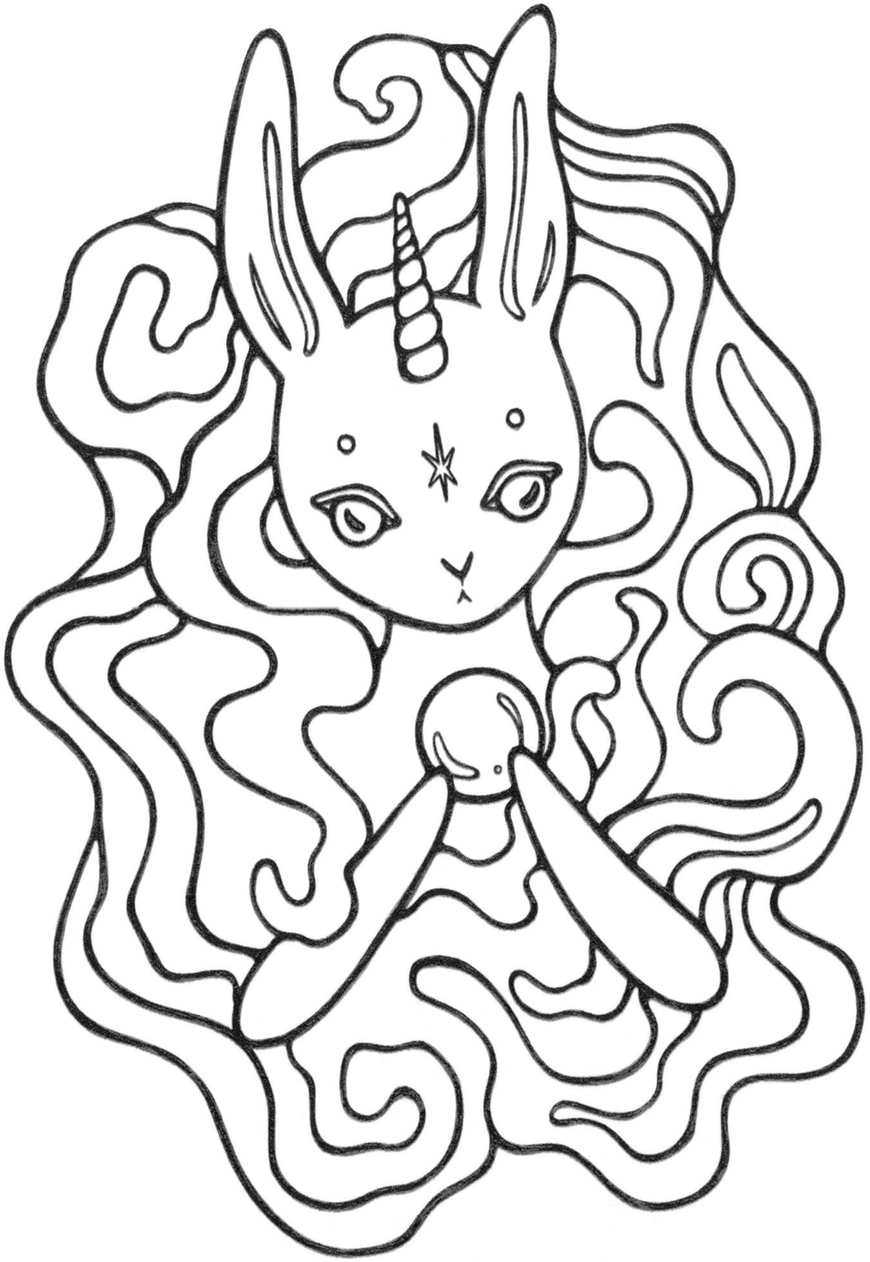

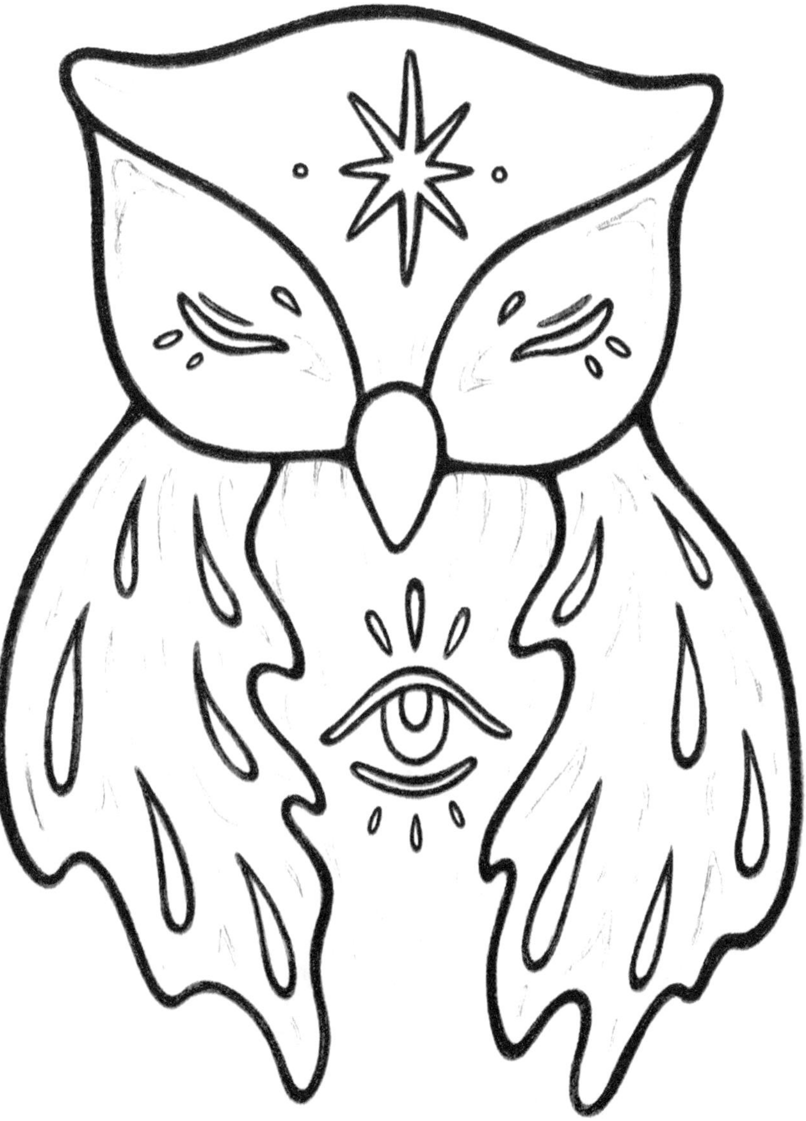

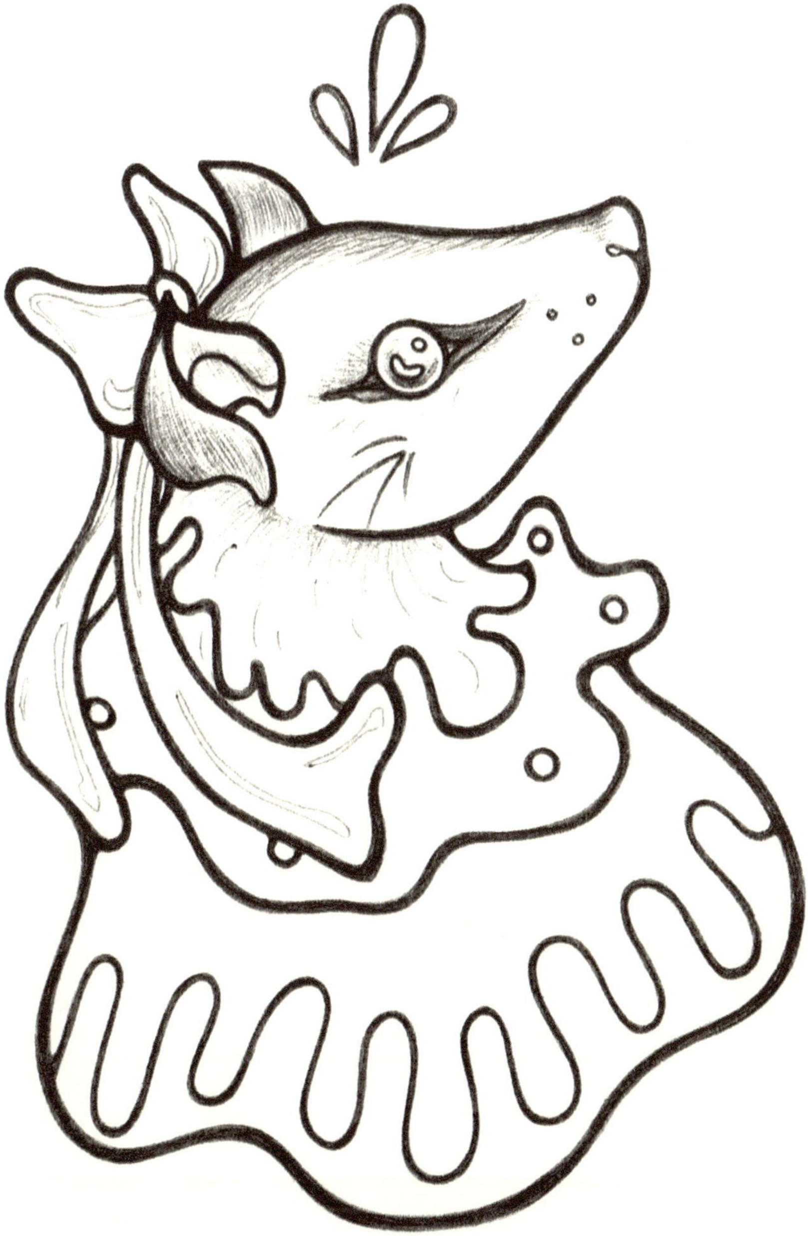

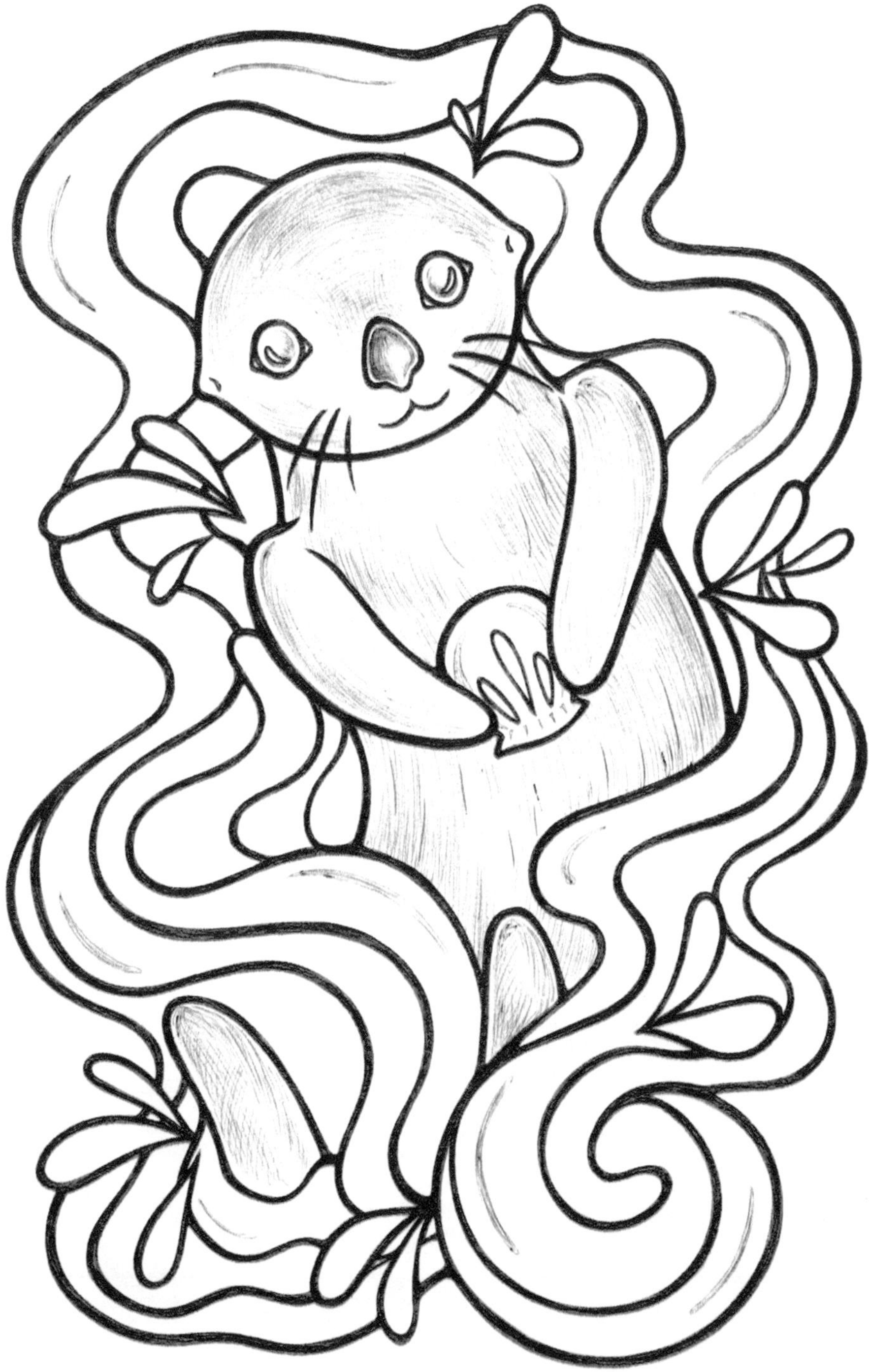

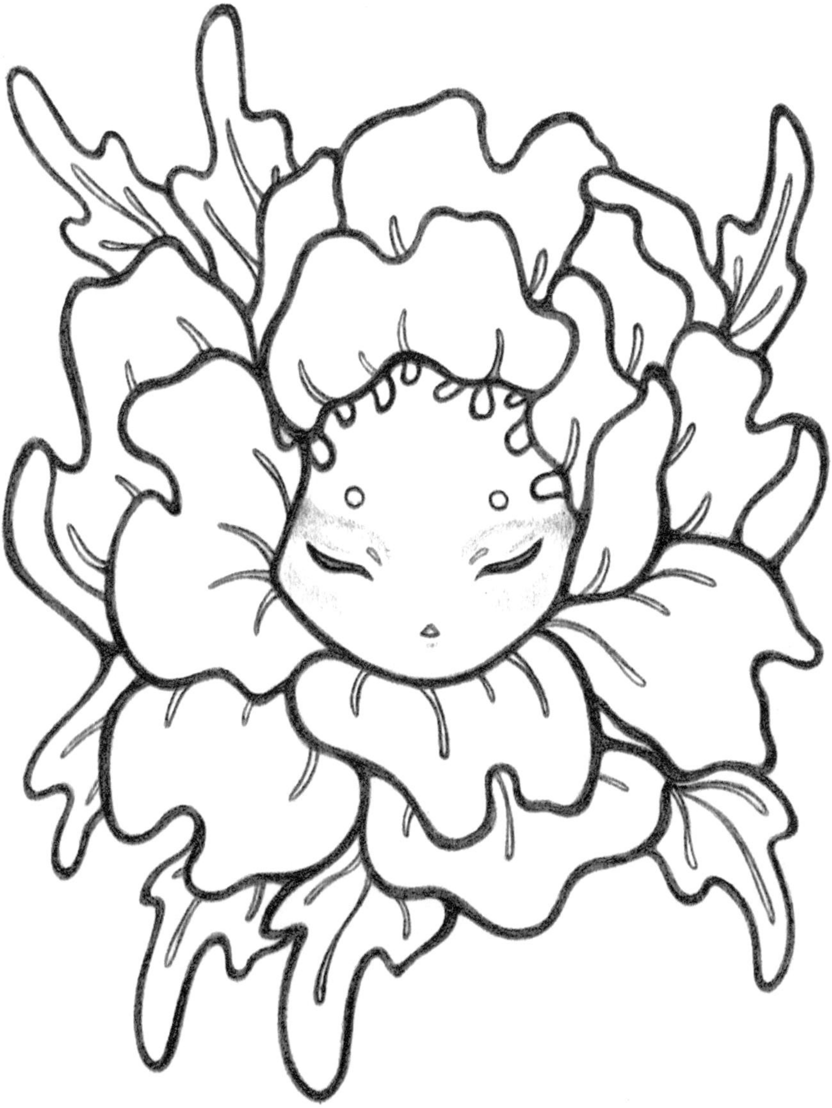

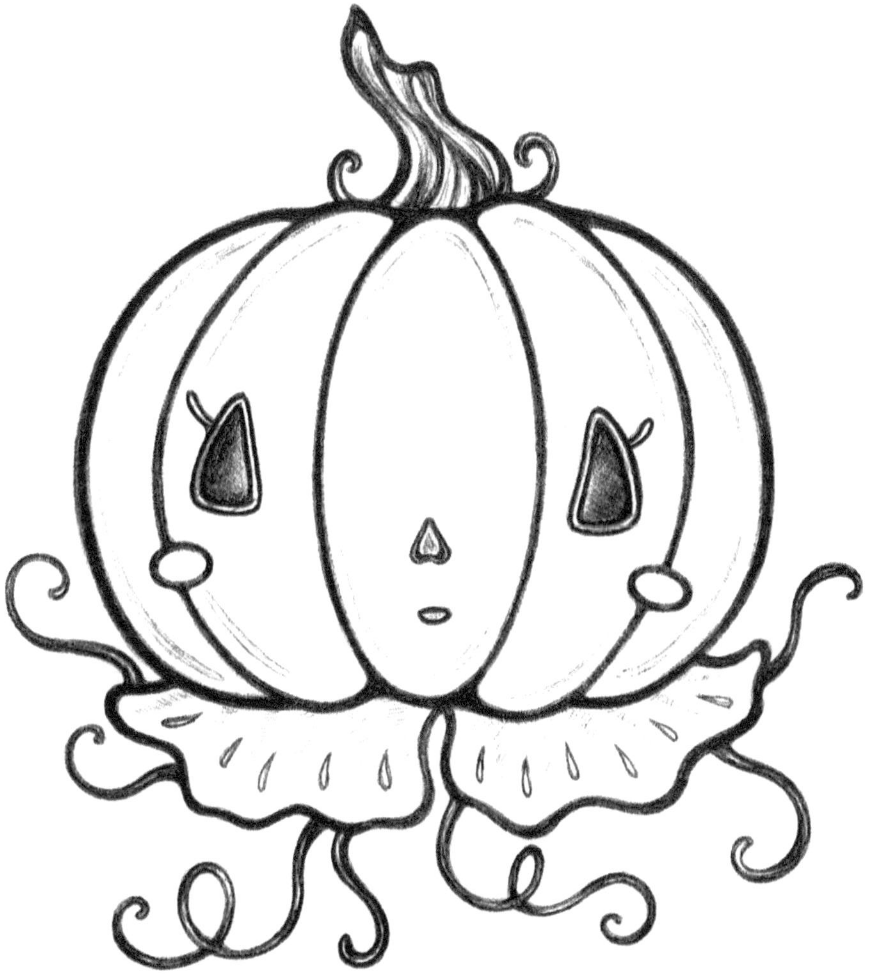

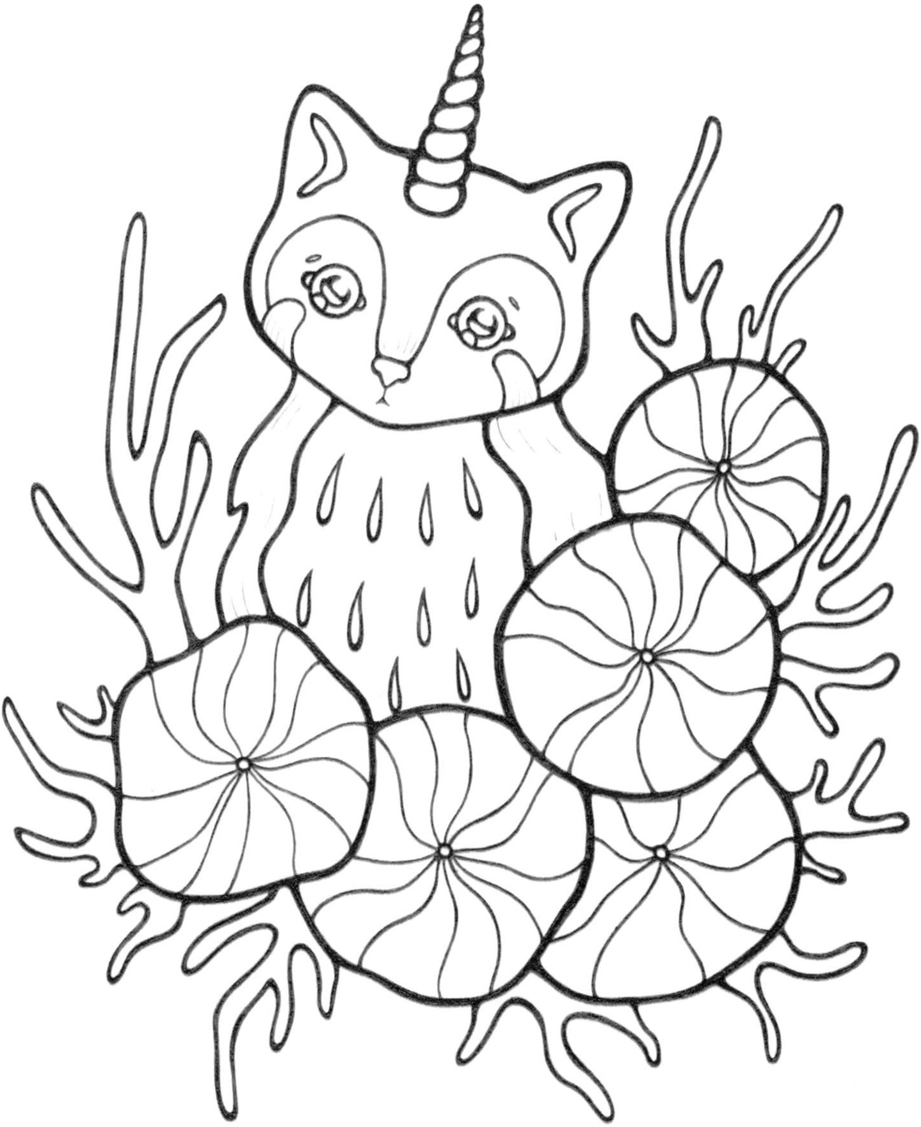

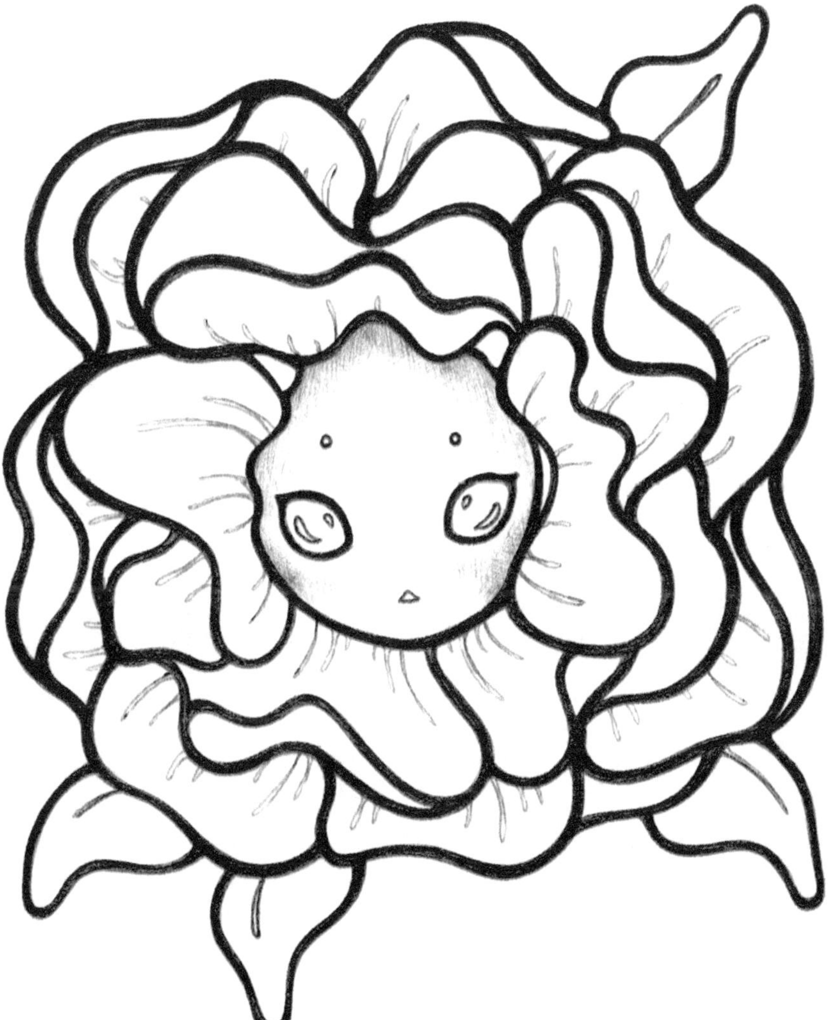

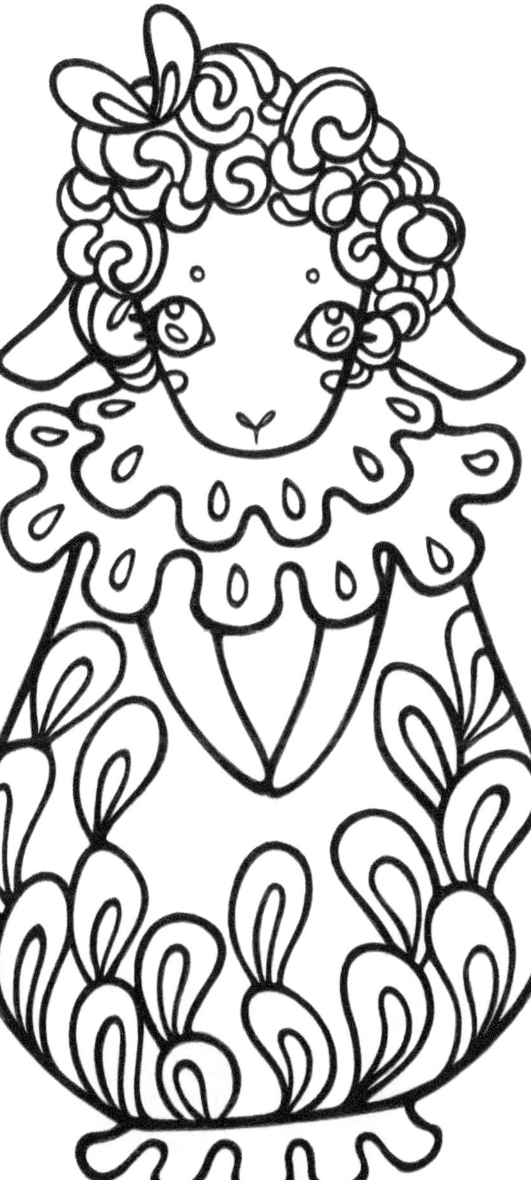

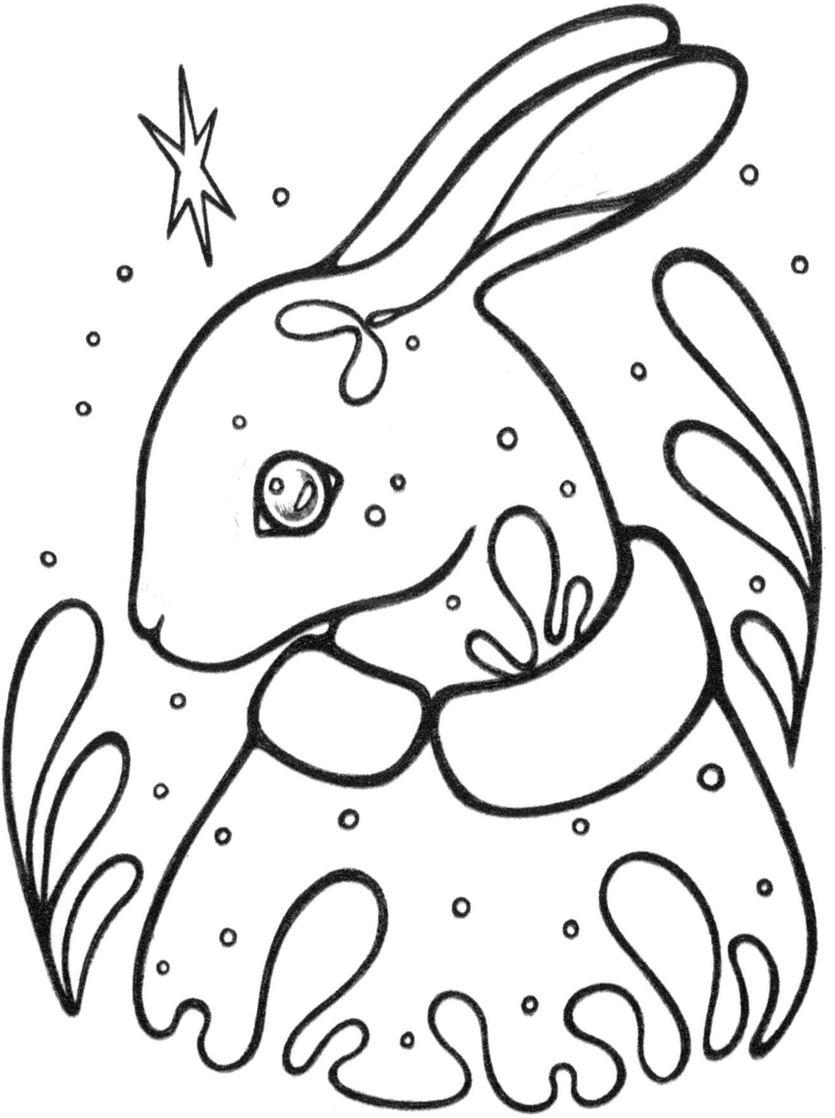

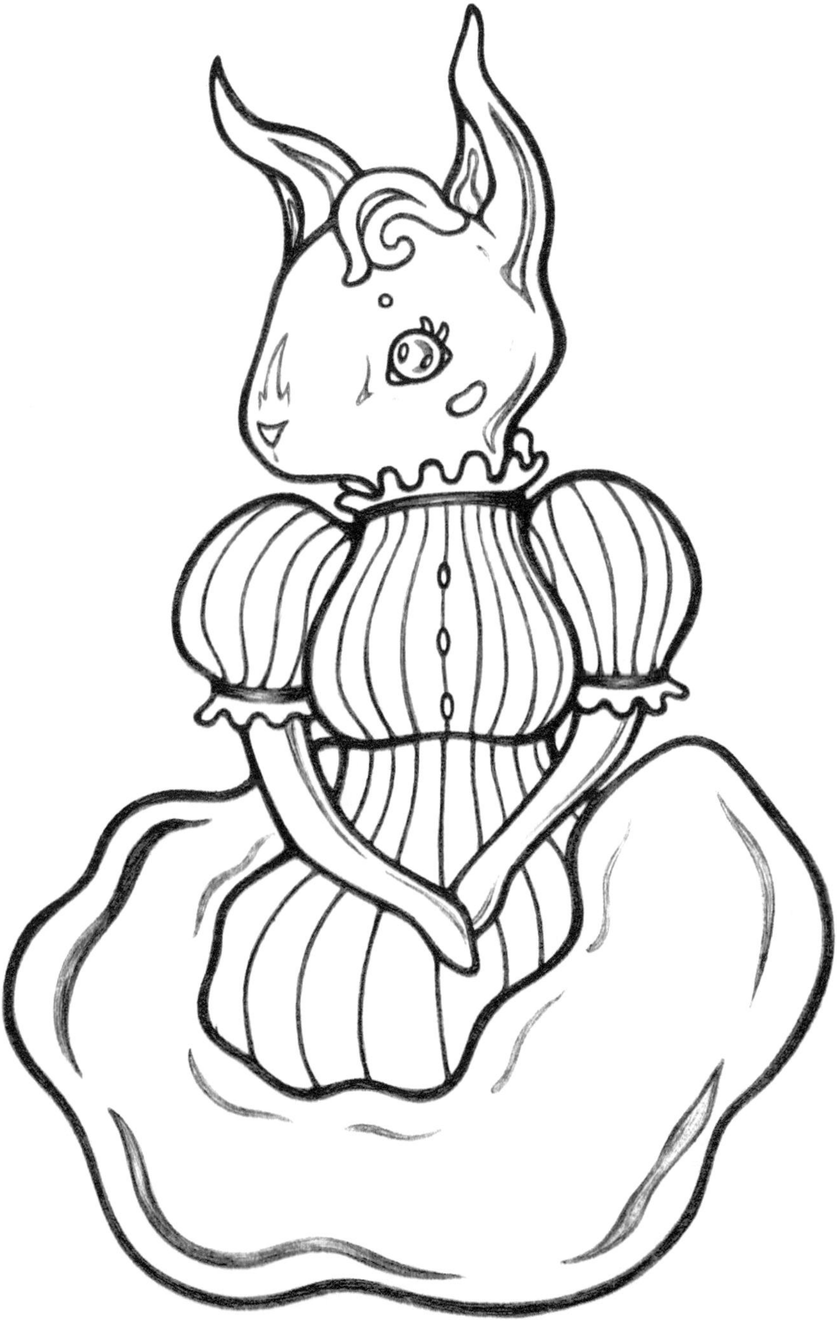

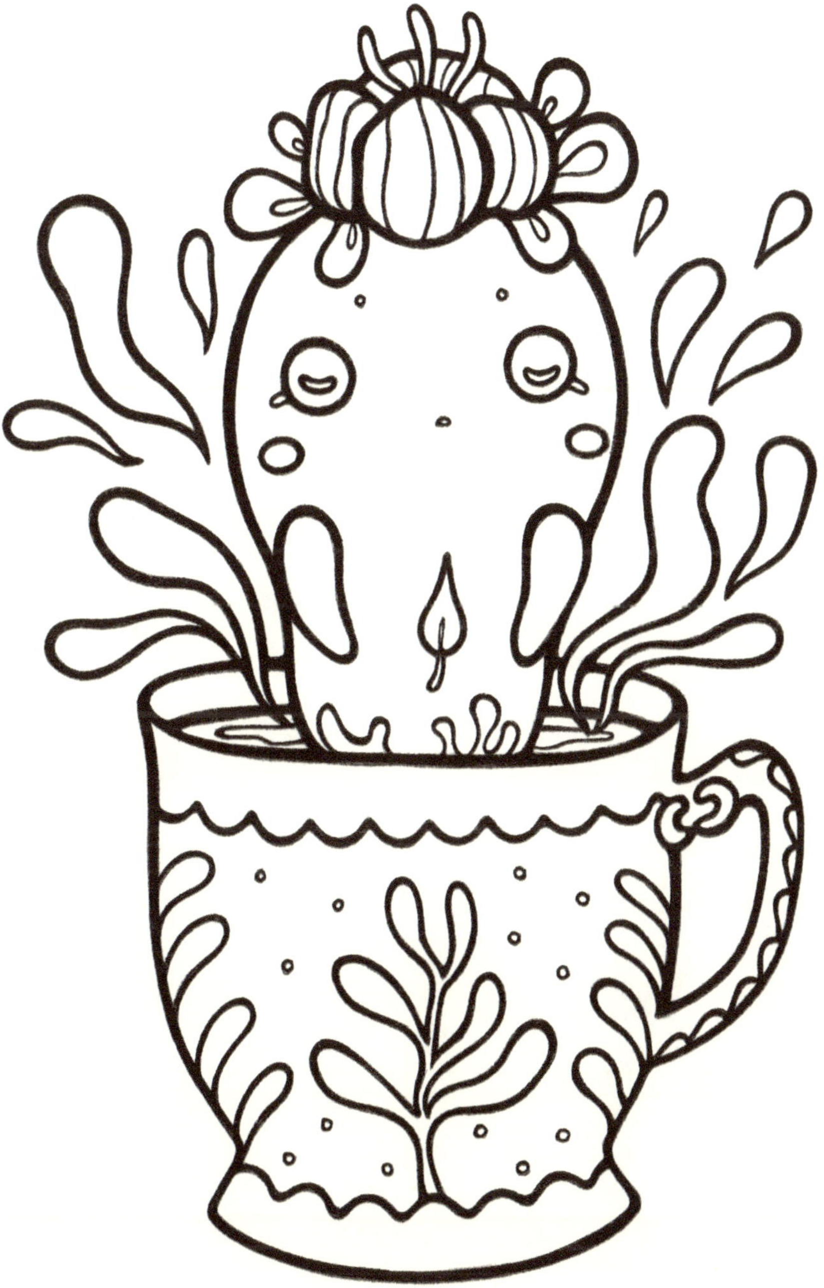

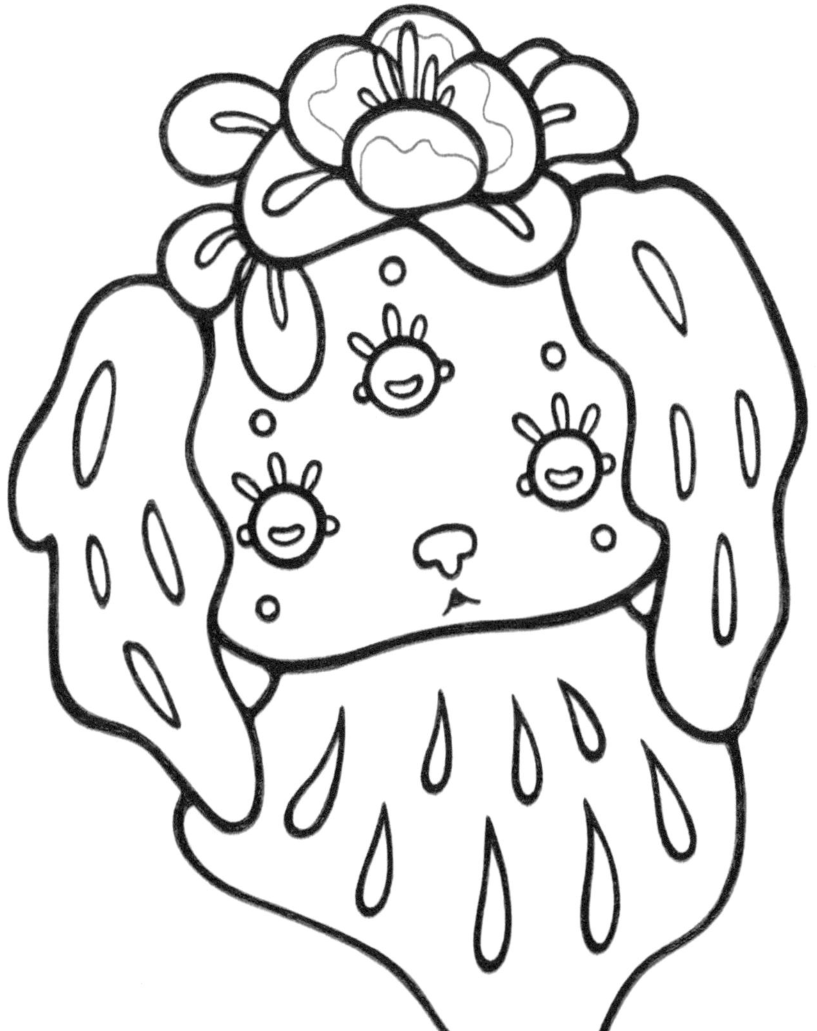

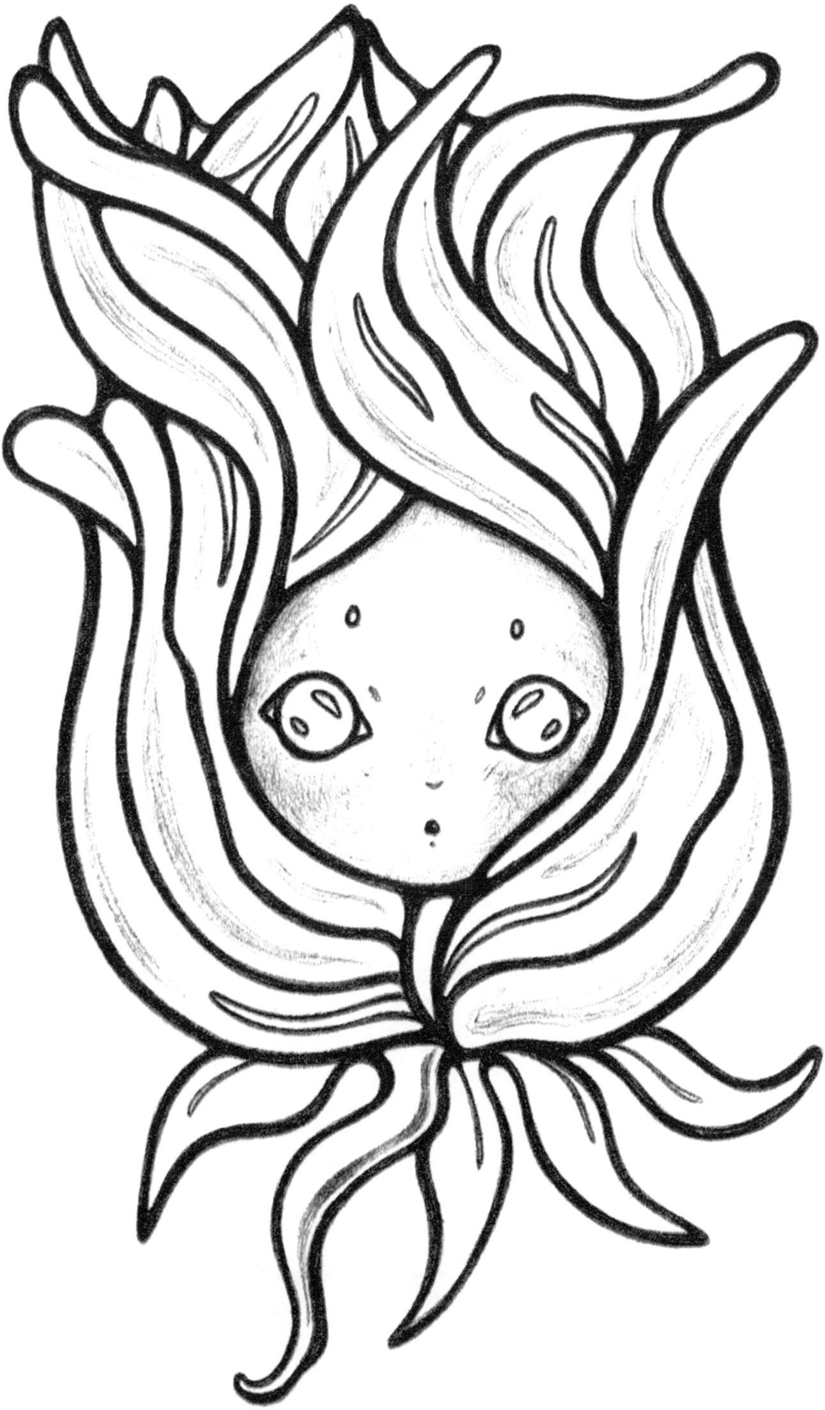

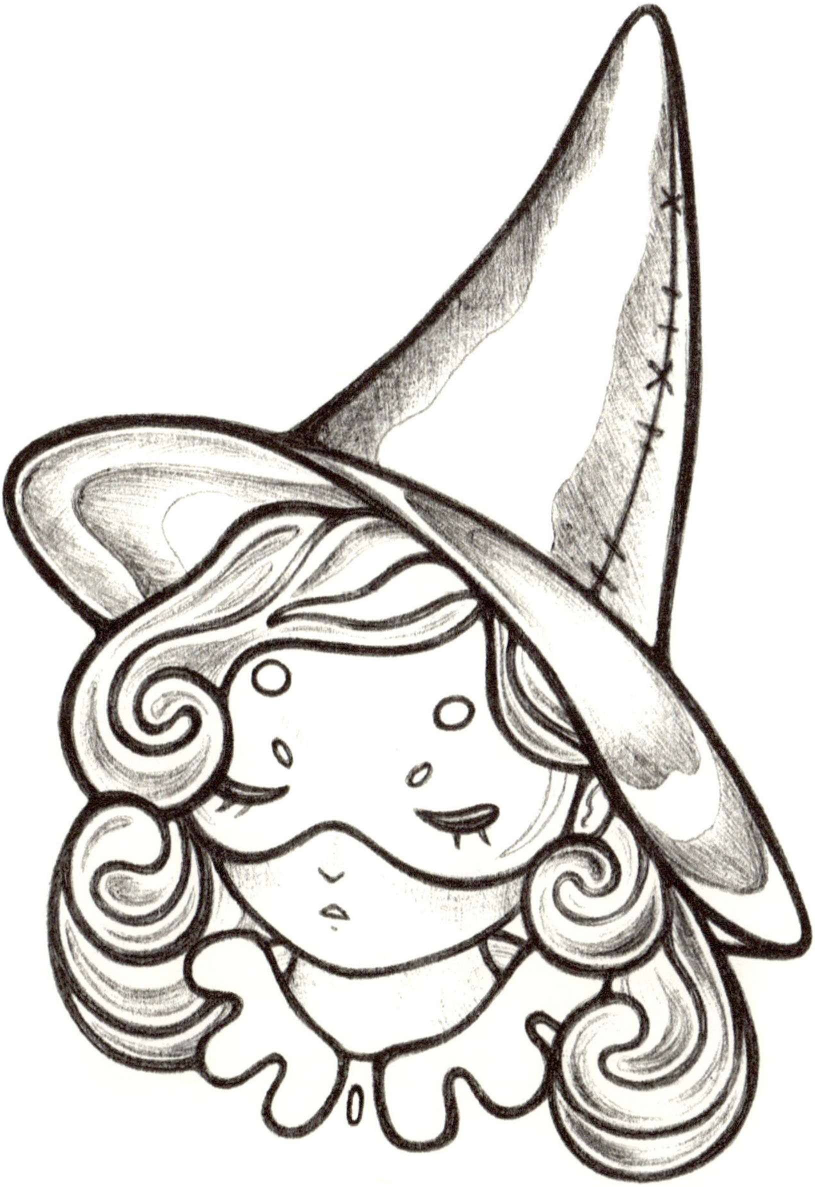

www.ingramcontent.com/pod-product-compliance
Lightning Source LLC
Chambersburg PA
CBHW022133170526
45157CB00004B/1869
9781387521760